Easy Learning Korean

쉽게 배우는 한국어 작문

부산외국어대학교 한국어문화교육원

중급
2

한글파크

머리말

　최근 한국어를 배우려는 학습자들의 증가와 더불어 학습자들의 목적이 다양해짐에 따라 한국어 교재 역시 다양해져야 할 필요성을 느끼게 되었다. 학습자들의 다양성에 따른 교재란, 다양한 목적에 따른 교재, 단계에 따른 교재, 학습 영역에 따른 교재 등이 이에 포함될 수 있다.

　부산외국어대학교에서는 교육 목표, 교육 단계, 교육 영역에 따른 교수 학습 체계를 갖추고 이를 이행하고 있다. 이러한 체계에 따른 교육 내용의 전달을 위해서는 한국어 교재가 이에 부응해야 함이 마땅하다. 특히 부산외국어대학교에서는 한국어 교육에 있어 분리형 교육 체계를 채택하고 있기 때문에 이에 따라 초급한국어 수업을 위한 영역별 '말하기/듣기', '읽기/쓰기', '활용'의 교재는 이미 제작되어 사용하고 있다. 중급 교재 또한 「한국어 회화 중급 1」, 「한국어 독해 중급 1」, 「한국어 작문 중급 1」이 제작되어 사용 중에 있다. 그런데 중급 단계는 초급에서 다진 한국어 능력을 기반으로 하여 한국어 실력이 크게 향상되는 시기로 언어 학습에 있어서 아주 중요한 시기이다. 따라서 중급 단계의 전·후반에 차별성을 두어 한국어 교육이 체계적, 단계적으로 실시될 필요가 있다는 관점 아래, 중급 교재를 두 단계로 분리하여 개발하게 된 것이다.

　이상과 같은 취지 아래 제작된 한국어 중급 2 교재 중, 이 책은 「한국어 작문 중급 2」에 해당한다. 이 책은 한국어 능력이 중급에서 고급으로 나아가는 단계에 있는 학습자의 다양한 한국어 글쓰기 능력을 향상시키는 데 도움을 주기 위해 만들어진 것이다. 글을 쓴다는 것은 먼저 적법한 문장을 만들 줄 알아야 하고, 문장 의미에 따른 적절한 어휘를 선택하여 논리적으로 적합한 문장도 만들어 내야 한다. 뿐만 아니라 글쓰기의 단계가 높아지면 글의 종류에 따른 글의 구성과 체계도 갖추어야 한다. 이와 같이 여러 능력이 요구되기 때문에 외국인에게는 그 어느 영역보다 글쓰기 영역이 어렵다. 따라서 외국인 학습자가 이 어려운 작업을 제대로 해 내어 한국어를 활용한 글쓰기를 잘 하기 위해서는 한 단계, 한 단계 글쓰기의 과정을 거쳐 완성된 글쓰기로 나아가는 방법을 통한 학습이 필요하다고 본다. 이 책은 이러한 단계와 과정을 거쳐 글을 써 나가는 방법을 통해 한국어 글쓰기를 재미있고 유용하게 배워 나갈 수 있도록 단원과 내용을 구성하였다.

　아무쪼록 많은 외국인 학습자가 이 책으로 쓰고자 하는 글을 어렵지 않게 써 나갈 수 있는 능력이 길러졌으면 하는 바람이다.

　이 책은 부산외국어대학교와 교육인적자원부의 지원에 의한 한국어학습교재 제작 사업의 일환으로 이루어진 것이다. 교재 개발에는 한국어교육 현장 경험이 있는 사람들이 참여하였는데, 교재개발팀원 전체가 기획한 것을 중심으로, 한국어문화교육원 교사인 김유선, 박성경 선생과 한국어 문화교육원 이양혜 교수가 함께 개발하여 발행한 책을 이번에 다시 깁고 더하였다.

　이 책이 나오기까지 정책적 지원을 해준 교육인적자원부와 부산외국어대학교 관계자 여러분, 랭기지 플러스의 엄호열 회장님과 엄태상 이사님께 감사드린다. 특히, 바쁜 시간 중에도 이 책을 위해 몸과 마음을 함께 담아온 부산외국어대학교 한국어문화교육원 교재팀과 랭기지 플러스 편집팀의 노고를 마음에 깊이 새기고 싶다.

2009년 9월
교재개발팀을 대표하여 이양혜 씀

　이 교재는 외국어로서 한국어를 배우고 있는 학습자들을 위한 책으로 중급 1 수준에서 한 단계 향상된 중급 2 수준의 글쓰기를 위한 것이다. 따라서 책의 편찬 의도는 중급 1과는 조금 달리 학습자가 글 유형에 따라 글을 써 나갈 수 있는 방법을 익히도록 하는 데 있다. 이에 따라 한국어작문 중급 2는 글 유형별로 크게 여섯 장으로 구성되어 있으며, 각 장은 다시 세 개의 단원으로 나뉘어져 있다. 각 단원은 학습 목표에 따라 단계적으로 한 편의 글을 완성해 나가는 과정을 거치는 방법으로 구성되어 있다. 책의 구성표를 제시하면 다음과 같다.

학습 목표	학습해야 할 쓰기 활동의 종류와 성격을 중심으로 제시되어 있다.
들어가기	이는 글쓰기 전의 활동으로, 그림이나 삽화를 중심으로 학습자가 스키마를 형성하여 편안하고 쉽게 해당 단원 주제에 접근하게 하기 위함이다.
쓰기 1	글쓰기 활동으로, 학습자가 해당 단원 주제와 관련된 글쓰기를 비교적 쉽게 접근하게 하기 위한 과정이다. 들어가기의 간단한 문장 쓰기에서 시작하여 짧은 문단 쓰기, 나아가 한 편의 글쓰기로 나아갈 수 있게 하였다.
TOPIK 따라잡기	한국어능력시험(TOPIK) 유형의 문제를 통해 글쓰기를 숙달시키는 한편 한국어능력시험 준비도 함께 할 수 있게 하였다.
쓰기 2	이 역시 글쓰기 활동으로 쓰기 1과 같은 구성을 하고 있으나, 쓰기 1보다 좀 더 심도 깊은 글을 쓸 수 있게 하기 위한 글쓰기 단계이다.
나오기	이는 글쓰기 후의 활동으로 학습자가 쓴 글을 중심으로 발표와 토론, 이야기가 이어지게 함으로써 쓰기가 읽기와 말하기, 듣기로 연결되어 통합적인 한국어 학습이 이루어지도록 하기 위한 의도이다.

차 례

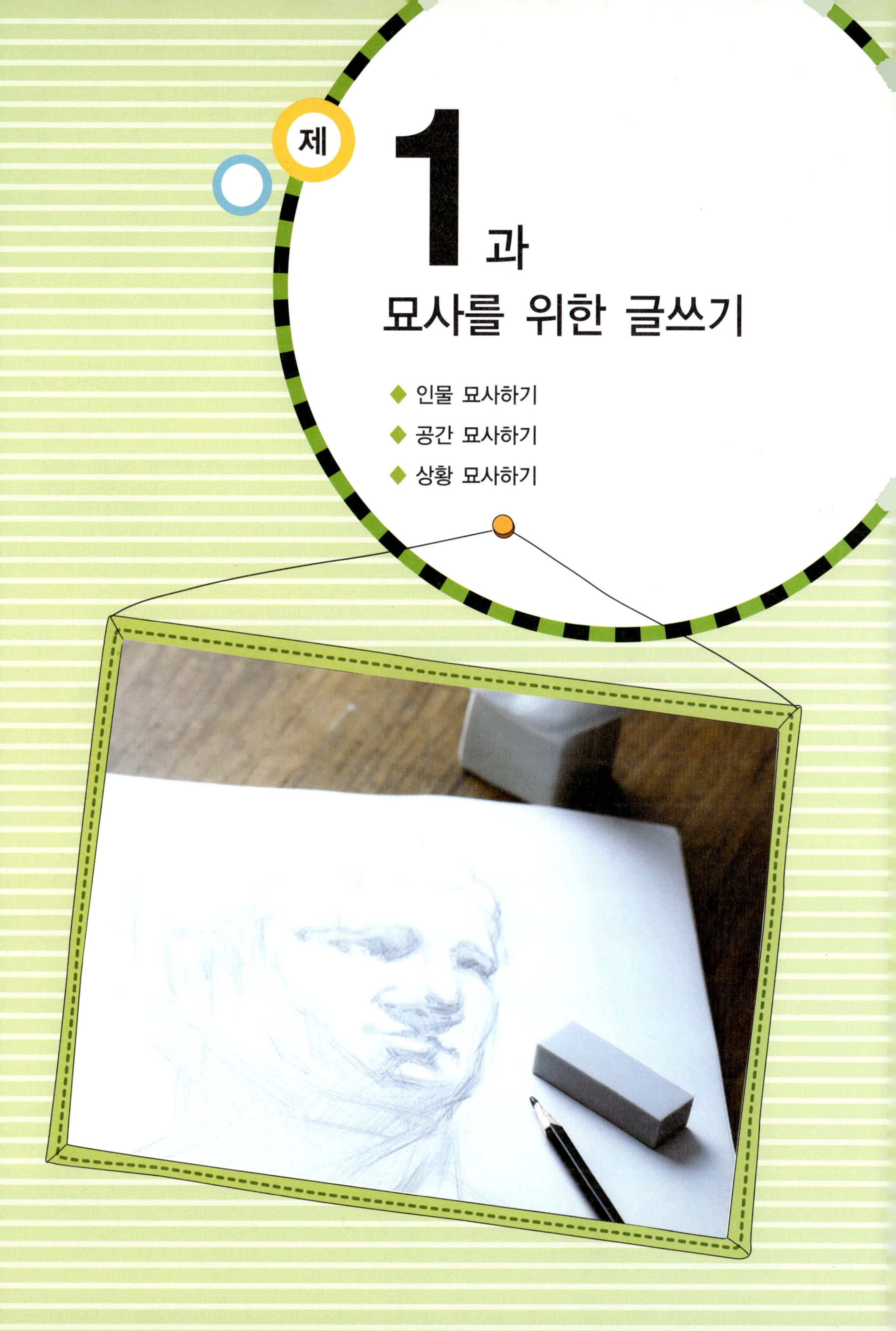

제
1과
묘사를 위한 글쓰기
◆ 인물 묘사하기
◆ 공간 묘사하기
◆ 상황 묘사하기

인물 묘사하기

1. 사람들의 외모를 자세하게 표현할 수 있다.
2. 사람들의 행동을 자세하게 표현할 수 있다.

들어가기

1 다음 사람들의 모습에 대해 이야기해 봅시다.

2 다음 밑줄 친 부분에 그림과 어울리는 글을 써 봅시다.

우리 언니는 키가 크고 몸매가 날씬한 데다가 _________________ 마치 영화배우 같다. 게다가 목소리도 얼마나 좋은지 모른다. 그런데 나는 그런 언니에 비해 _________________ 친구들로부터 놀림을 받곤 한다. 내가 결혼하는 날 친구들로부터 나보다 언니가 더 예쁘다는 소리를 듣고 _________________.

쓰기 1

1 다음 그림을 보고 보기 와 같이 써 봅시다.

- 여자의 머리는 노랗다.
- 여자는 마트에서 장을 보고 있다.
- 여자는 음료수를 마시고 있다.

➡ 노란 머리의 여자가 음료수를 마시면서 장을 보고 있다.

1)

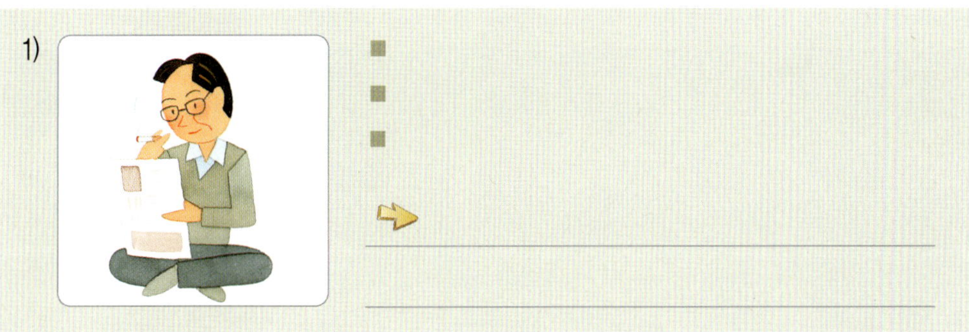

-
-
-

➡ ______________________________

____

2)

-
-
-

➡ ______________________________

____

3)

-
-
-

➡ ______________________________

____

 보기 와 같이 제시된 표현을 '생김새 → 복장 → 행동' 순으로 연결해서 써 봅시다.

> **보기**
>
> | 하늘색 모자 | 반팔 티셔츠 | 까만 피부 | 팔짱을 끼다 | 창밖을 보다 |

➡ 까만 피부에 하늘색 모자를 쓰고 반팔 티셔츠를 입고 있는 여자가 팔짱을 낀 채 창밖을 보고 있다.

1) 긴 생머리   피부가 희다   청바지를 입다   턱을 괴다   책을 읽다

➡

2) 머리가 짧다   광대뼈가 나오다   검은 정장   벽에 기대다

➡

3) 곱슬머리   화장이 짙다   미니스커트   다리를 꼬다   커피를 마시다

➡

 제시된 표현을 사용하여 그림 속 사람들의 모습을 재미있게 묘사해 봅시다.

1)

V자를 그리다

카메라를 향하다

활짝 웃다

나란히

차려 입다

2)

둘러 쌓이다

모여 있다

경청하다

딴청 피우다

1 밑줄 친 두 문장을 바르게 연결한 말을 고르십시오.

> 가 : 은정 씨 동생은 어떤 사람이에요?
>
> 나 : <u>내 동생은 말이 빨라요. 행동은 느린 편이에요.</u>

① 내 동생은 말은 빨라서 행동은 느린 편이에요.
② 내 동생은 말은 빠르면 행동은 느린 편이에요.
③ 내 동생은 말은 빠른데 행동은 느린 편이에요.
④ 내 동생은 말은 빠를수록 행동은 느린 편이에요.

2 밑줄 친 문장과 의미가 같은 것을 고르십시오.

1)
> 가 : 그렇게 중요한 일을 최미영 씨에게 맡겨도 될까요?
>
> 나 : 저래봬도 얼마나 <u>성실하고 꼼꼼한데요.</u>

① 보시다시피 성실하고 꼼꼼해요.
② 보기와 달리 성실하고 꼼꼼해요.
③ 보기에는 성실하고 꼼꼼한 것 같아요.
④ 보면 볼수록 성실하고 꼼꼼한 것 같아요.

2)
> 가 : 난 네 친구 만덕이를 처음 봤을 때 참 예민한 사람일 거라고 생각했어.
>
> 나 : 전혀 아니야. 우리 과에서 사람 <u>웃기기로는 만덕이를 따를 사람이 없어.</u>

① 만덕이는 잘 웃는 사람이야.
② 만덕이는 전혀 사람들을 웃기지 않아.
③ 만덕이는 우리 과에서 사람들을 제일 잘 웃기는 사람이야.
④ 우리 과에서 사람들을 웃기는 사람이 만덕이 외에는 아무도 없어.

쓰기 2

1 다음은 '2002년 월드컵'의 모습입니다. 각 그림의 모습들을 묘사해 봅시다.

1)

2)

3)

4)

○ 한국의 월드컵 응원 모습

지난 2002년 6월 한일 월드컵 기간 동안 한국 국민들은 잊지 못할 경험을 했다. 한국 축구 국가대표 경기가 열릴 때마다 수백만 명의 한국 국민들이 거리에 몰려 나왔다고 한다.

이들 중에는

이들의 바람대로 한국 대표 팀은 승리를 거듭하여 세계 4강이라는 경이적인 성적을 기록하였다고 한다. 거리 응원단은 물론 많은 한국 국민들은 그들에게 잠재되어 있던 가능성을 확인할 수 있었고, 무엇이든 할 수 있다는 자신감을 얻었다고 한다.

나오기

1 자신이 쓴 이야기를 발표해 봅시다.

2 더 보충하고 싶은 이야기가 있거나 다시 써야 할 문장은 없는지 검토해 봅시다.

공간 묘사하기

1. 공간의 모습과 변화를 표현할 수 있다.
2. 사물이 놓여 있는 모습을 자세히 표현할 수 있다.

들어가기

1 다음 사진의 모습을 표현해 봅시다.

2 알맞은 것을 보기 에서 골라 쓰십시오.

보기

| 붙어 있다 | 걸려 있다 | 널려 있다 | 펼쳐져 있다 | 놓여 있다 |
| 찢어져 있다 | 꽂혀 있다 | 쌓여 있다 | 들어 있다 | 달려 있다 |

1) 교실 벽에 오늘 배운 문법 카드가 ___붙어 있다___ .

2) 아름다운 풍경이 먼 곳까지 __________ .

3) 나도 모르는 사이에 옷이 __________ .

4) 그 드레스에는 반짝거리는 보석이 __________ .

5) 교수님 연구실의 책장에는 책이 가득 __________ .

6) 빨랫줄에 빨래들이 __________ .

7) 옷장 속의 옷걸이에는 옷이 많이 __________ .

8) 벽 모퉁이에 상자들이 __________ .

9) 수저통에 숟가락과 젓가락이 __________ .

10) 방바닥에 벗어 놓은 옷들이 __________ .

쓰기 1

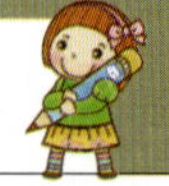

1 보기 처럼 제시된 단어를 사용하여 그림을 표현해 봅시다.

보기

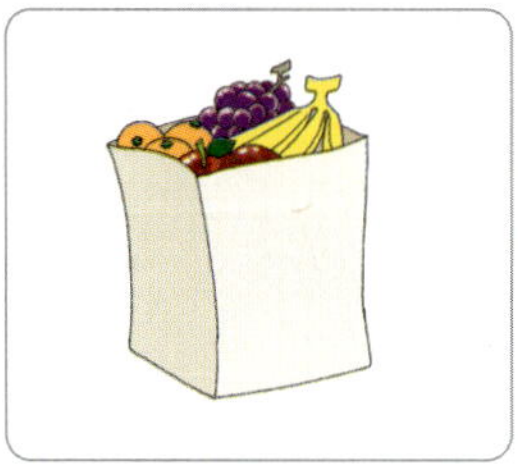

■ 과일들 / 가득 / 담다

➡ 종이 가방 안에 가득 담겨 있는 과일들

1)

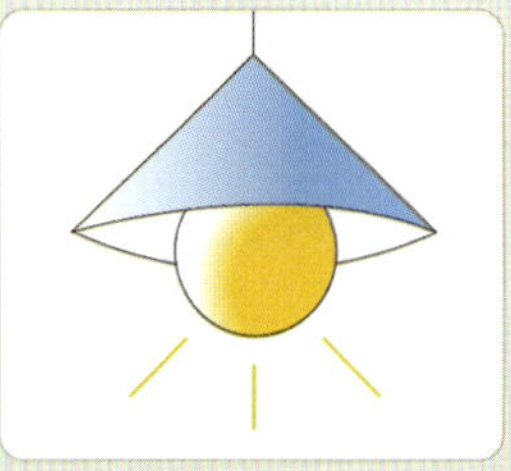

■ 전등 / 환하게 / 켜다

➡

2)

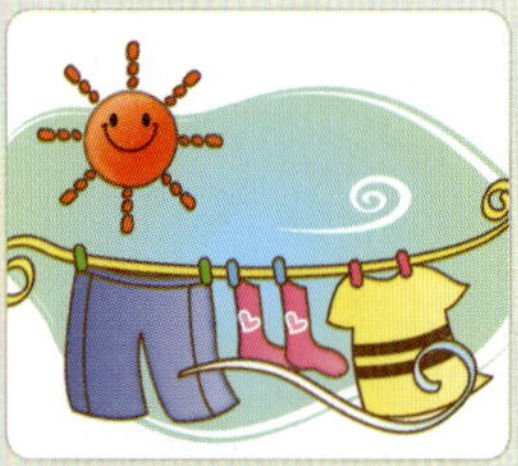

■ 빨래 / 나란히 / 널다

➡

3)

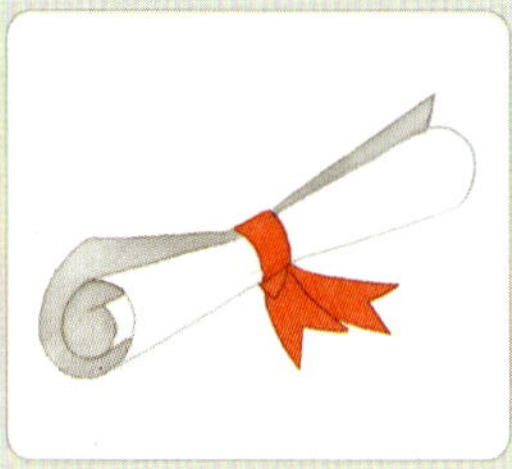

■ 종이 / 돌돌 / 말다

➡

4)

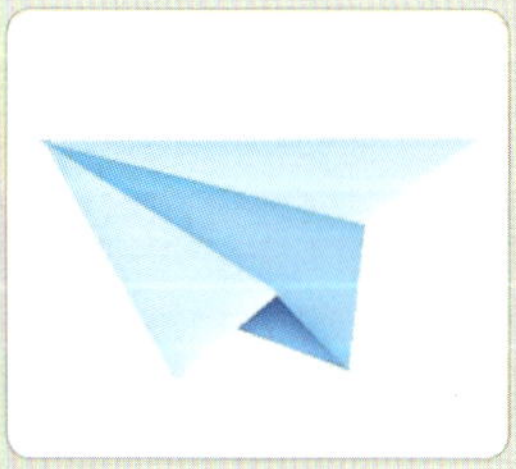

■ 종이비행기 / 반듯하게 / 접다

➡

2 학교 가기 전과 갔다 온 후의 나의 방 모습을 써 봅시다.

〈학교 가기 전〉

〈학교 갔다 온 후〉

○ 옷들이

지금은 옷들이

○ 쓰레기통이

지금은 쓰레기가

- 책상 서랍이 　　　　　　　　　　　　　지만

  지금은 책상 서랍이

- 책들이 책상 위에

  학교 갔다 오니, 책들이 책꽂이에

- 침대 위가

  학교 갔다 오니, 침대가

-

-

TOPIK 따라잡기

1 다음 그림을 묘사해 보십시오.

추운 겨울입니다. 밖에는 ________________. 그러나 집안은 따뜻해 보입니

다. 아버지는 ________________. 딸은 ________________.

개는 ________________, 고양이는 ________________.

2 다음 두 그림을 보고 책상 위가 어떻게 달라졌는지 제시된 표현을 사용하여 한 문장으로 쓰십시오.

________________ 책상이 ________________ 을/를 한 후에 ________________.

1 다음은 '내 방의 모습'에 대해 쓴 글입니다. 밑줄 친 부분에 알맞은 말을 넣어 봅시다.

한국의 생활에 적응하기 어려워 친구 한 명과 함께 교수님께 상담을 요청했다. 정해 준 상담 시간에 교수님 연구실을 방문했다. 한국의 교수님 연구실에 처음 가 보았다.

연구실 문을 들어서면서 깜짝 놀랐다. 책이 아주 많았기 때문이다. 문 오른쪽과 왼쪽에는 벽 전체가 책장이었다. 그 책장에는 여러 종류의 책이 가득 _______________. '역시 교수님 방은 다르구나.' 하는 생각이 들었다. 교수님 책상 위에는 책뿐만 아니라 컴퓨터, 프린트기, 스캐너가 _______________ 있고 벽에는 많은 메모지들이 즐비하게 _______________ 있었다.

교수님 연구실에는 여러 손님들이 많이 찾아오는 것 같았다. 문 오른쪽 책장 앞에는 큰 탁자와 여섯 개의 의자가 있었다. 탁자 위에는 커피포트가 있었고, 녹차 세트도 있었다. 우리가 오기 전에도 다른 손님이 왔었는지 탁자 위에 있는 찻잔에 커피가 _______________.

문 왼쪽에는 편안한 소파가 _______________, 아마도 연구하다 피곤하시면 앉아서 쉬는 곳인 것 같았다. 소파가 참 편해 보였다. 그 위에는 노란색 쿠션이 있었다.

우리는 교수님께 커피랑 과자, 과일을 대접받으며 우리의 어려운 점을 이야기했다. 교수님은 친절하게 우리의 이야기를 들어주시고 좋은 말씀을 많이 해 주셨다. 참 편안하고 따뜻한 시간이었다.

2 여러분은 지금 '나의 소중한 공간' 이란 제목의 글을 쓰려고 합니다.

1) 내가 가장 소중하게 여기는 장소(공간)를 떠올리면서 그 곳에 무엇이 있는지 모두 써 봅시다.

2) 무엇을 중심으로 써 나갈지 1)의 물건 중 4개를 골라 써 봅시다.

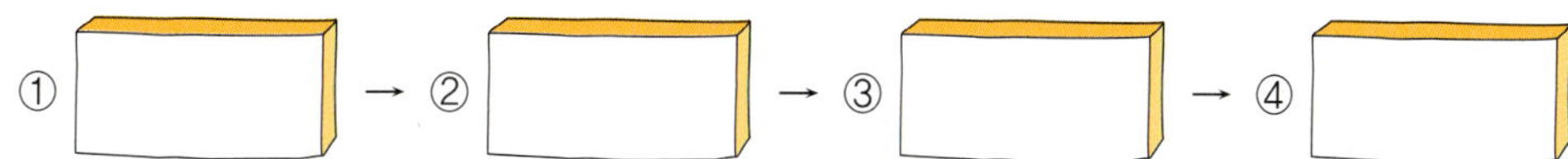

① → ② → ③ → ④

3) 고른 물건이 놓여있는 모습을 간단히 써 보십시오.

침대	● 왼쪽 – 5년 전에 산 전자레인지가 놓여 있다. ● 오른쪽 벽 – 파란색 커튼이 달려 있다. ● 위 – 지난 여름 친구들과 함께 해수욕장에서 찍은 사진이 장식되어 있다.
①	
②	
③	
④	

4) 표의 내용을 보기 처럼 한 단락으로 만들어 봅시다.

　파란색 커튼이 달린 벽 쪽에 침대가 놓여 있다. 침대 위쪽에는 지난 여름에 친구들과 찍은 사진이 걸려 있고, 왼쪽에는 5년 전에 산 전자레인지가 놓여 있다.

① (　　　　　　　　　　)

② (　　　　　　　　　　)

③ (　　　　　　　　　　)

④ (　　　　　　　　　　)

5) 나에게 그 공간이 소중한 이유는 무엇입니까?

6) 그 곳에서 주로 언제, 무엇을 하는지 써 보십시오.

 앞의 내용을 바탕으로 '나에게 가장 소중한 공간'을 소개하는 글을 써 봅시다.

나에게 가장 소중한 공간

나오기

1 자신이 쓴 이야기를 실제 사진이나 그림을 보여 주면서 발표해 봅시다.

2 교실이나 주변 풍경을 묘사해 봅시다.

상황 묘사하기

1. 여러 가지 상황을 글로 표현할 수 있다.
2. 경험했던 일을 생생하게 표현할 수 있다.

들어가기

1 다음 그림을 보고 질문에 답하십시오.

1) 남자는 어떤 일을 경험했습니까? 각 장면의 상황을 이야기해 봅시다.

2) 남자의 입장이 되어 그림의 상황을 설명한 내용입니다. 밑줄 친 부분에 들어갈 말을 쓰십시오.

평소에 잠이 많은 수미는 오늘도 지하철을 탄 후에 자기는 좀 잘 테니 종점에 도착하면 깨워달라고 했다. 나는 어쩔 수 없이 알겠다고 대답했지만 나중에 그 대답을 후회할 일이 생겼다. 수미가 눈을 _______________ 코를 골기 시작하는 것이었다. 그 소리는 점점 커졌고 드디어 그 소리를 들은 주위 사람들이 웅성거리기 시작했다. 그 때 한 아주머니가 수미의 코고는 소리가 대단하다고 말하자 모두들 쳐다보고 키득거리며 _______________________. 나는 너무 _______________________________. 그래서 수미에게는 미안하지만 결국 나는 _______________________________ _______________________________.

2   나 자신이 부끄러웠던 상황을 이야기해 봅시다.

1 다음 문장의 밑줄 친 부분에 들어갈 수 있는 말을 보기 에서 찾아 쓰십시오.

> **보기**
>
> 쑥   휙   툭툭   꽉   짝   싹   확   쭉

1) 나는 인사를 하려고 했지만 선배는 그냥 ______ 지나가 버렸다.

2) 길을 가고 있었다. 그 때 갑자기 누가 내 어깨를 ______ 쳤다.

3) 창밖으로 고개를 ______ 내밀고 쳐다봤지만 아무도 없었다.

4) 구겨진 종이를 ______ 펴 보니 누군가의 전화번호가 쓰여 있었다.

5) 내가 친구의 잘못된 점을 지적하자 친구의 얼굴색이 ______ 변했다.

6) 영화표를 사려는 사람들이 ______ 늘어서 있다.

2 보기 처럼 제시된 단어를 사용하여 그림의 상황을 글로 써 봅시다.

> **보기**
>
> 버럭 / 긁적거리다

미용실에서 새로 한 머리가 맘에 들지 않아 **버럭** 화를 냈더니, 미용사는 어쩔 줄 몰라 하며 머리를 **긁적거렸다.**

1) 헐레벌떡 / 붉으락푸르락하다

2) 확 / 쏟아지다 / 축축하다

3) 좌회전 금지 구역 / 직진 / 쾅

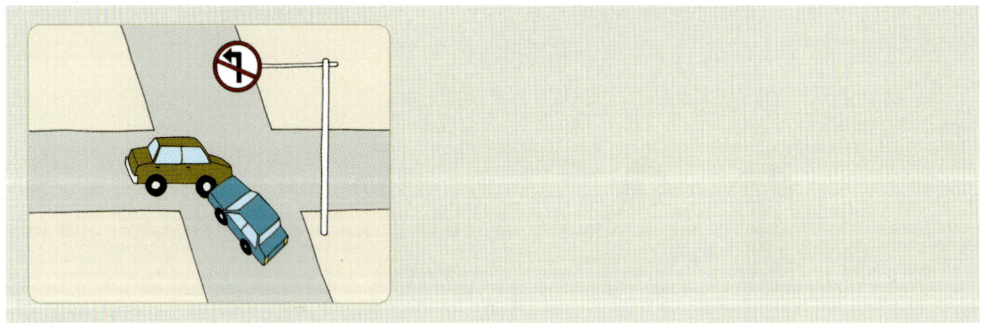

 다음은 한국의 옛날이야기인 '은혜 갚은 까치'의 그림입니다.

1) 앞의 그림을 참고하여 다음 밑줄 친 부분에 적절한 말을 써 넣어 봅시다.

    옛날에 글 솜씨뿐만 아니라 활 쏘는 솜씨 또한 뛰어난 젊은 선비가 있었다. 어느 날 이 선비는 과거 시험을 ____________ 시골에서 한양으로 ______________,

    숲을 지나가던 중 어디선가 울부짖는 까치소리가 ____________. 소리 나는 곳을 가보니, 커다란 구렁이가 입을 __________ 까치둥지를 __________. 어미 까치는 둥지 안의 새끼를 구하지 못해 울면서 어쩔 줄 모르고 있었다. 젊은 선비가 재빨리 __________ 새끼까치는 목숨을 건지게 되었다.

    곧 밤이 되었다. 젊은 선비는 쉴 곳을 ____________ 길 옆에 __________ 어느 낡은 절에 들어갔다. 웬 여인이 나와 젊은 선비를 안으로 들여보내 주었다. 깊은 산에 있는 절에 여자가 혼자 있는 것이 수상했지만 선비는 피곤하여 짐을 ____________ 곧 잠이 들었다.

    한참 잠을 ______ 갑자기 뭔가 가슴이 답답하고 목이 ______ 듯 하여 잠에서 ________. 그때 선비의 눈 앞에 커다란 뱀의 머리가 ________. 선비의 몸은 커다란 뱀에게 칭칭 ____________. 그 뱀이 선비에게 하는 말이

    "네가 낮에 죽인 구렁이는 바로 내 남편이었다. 내가 내 남편의 원수를 갚으려고 한다. 자, 이제 죽을 각오를 하여라."

    구렁이가 입을 한껏 ____________ 순간이었다.

2) 이 이야기는 끝이 나지 않은 이야기입니다. 이후에 어떤 일이 일어났을까요? 상상하여 나머지 이야기를 만들어 봅시다.

TOPIK 따라잡기 

1 (   )에 알맞은 말을 고르십시오.

1)

> 그 아이는 너무 놀란 나머지 ＿＿＿＿＿＿＿＿ 떨고 있었다.

① 살랑살랑   ② 울퉁불퉁   ③ 말랑말랑   ④ 오돌오돌

2)

> 어떤 사람이 멀리서 가게 유리창을 향해 돌을 던졌어요. 그러자 유리창이 ＿＿＿＿＿＿
> 깨어졌어요.

① 푹   ② 잔뜩   ③ 와장창   ④ 쭉

2 누나와 동생이 아버지에게 싸운 이유를 설명하고 있습니다. 왜 싸웠는지 그림을 보고
쓰십시오.

동생이 ＿＿＿＿＿＿＿＿＿＿＿＿＿＿＿＿＿＿＿＿＿＿＿＿＿＿＿＿＿＿＿ .

그래서 누나가 ＿＿＿＿＿＿＿＿＿＿＿＿＿＿＿＿＿＿＿＿＿＿＿＿＿＿＿ .

쓰기 2

1 주어진 단어를 사용하여 각 그림의 상황을 간단히 써 봅시다.

㉮ [데이트   기대에 부풀다   두근두근]

㉯ [머리를 하다   마음을 먹다   연예인]

㉰ [피곤하다   파마를 하다   잠깐 잠이 들다]

㉱ [깨다   깜짝   아줌마 머리   입이 다물어지지 않다]

 여러분이 만약 이런 상황이라면 이후에 어떻게 했을까요? 뒤에 이어질 상황을 간단히 써 봅시다.

3 **1** 의 내용을 바탕으로 '미용실에서 있었던 일'을 자세하게 써 봅시다.

4 여러분은 '아직도 이해할 수 없는 신기한 일'이나, 잠을 못 잘 만큼 '무서웠던 일'을 경험한 적이 있습니까? 있다면 그때의 상황을 간단히 써 봅시다.

■ 언제 :

■ 어디에서 :

■ 누구와 :

■ 무엇을 하고 있을 때 :

■ 사건 전개 : ①

②

③

④

⑤

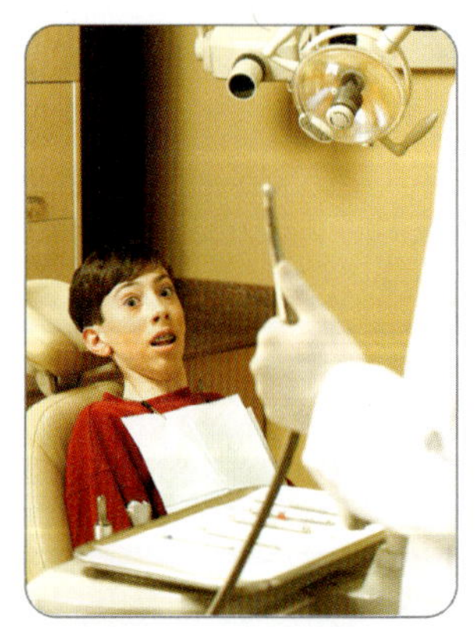

○ **내가 경험한 일**

1 자신이 쓴 이야기를 발표해 보고 다른 친구의 것과 비교해 봅시다.

2 여러분이 본 영화 장면 중 기억에 남는 한 장면을 자세히 묘사해 봅시다.

의성어 & 의태어

- **주룩주룩** : 비가 많이 내리는 모양
- **어질어질** : 현기증이 나면서 머리가 어지러운 느낌
- **울퉁불퉁** : 길이나 물건이 부드럽지 못한 모양
- **콜록콜록** : 한 번 또는 여러 번 크게 기침하는 소리
- **욱신욱신** : 상처나 종기 따위가 쑤시며 아픈 느낌
- **후다닥** : 아주 급하게 걸어가는 모양
- **벌떡** : 순간적으로 재빨리 일어서는 모양
- **으슬으슬** : 찬 기운이 몸에 스며들어 추운 느낌
- **성큼성큼** : 거침없이 앞으로 나아가는 모양
- **우르르** : 여럿이 한꺼번에 소리 내거나 밀어닥치는 모양
- **풍덩** : 물 속으로 갑자기 뛰어들 때 나는 소리
- **소곤소곤** : 작은 목소리로 얘기하는 소리나 모양
- **비틀비틀** : 비틀거리며 쓰러질 듯한 모양
- **중얼중얼** : 작은 목소리로 중얼거리며 불평하는 소리
- **아장아장** : 어린애가 걷는 모양
- **허둥지둥** : 침착성을 잃고 당황하는 모양
- **엉엉** : 큰소리를 내어 우는 소리
- **벌컥벌컥** : 액체를 많이 기운차게 마시는 소리나 모양
- **쿡쿡, 콕콕** : 머리나 뱃속이 송곳으로 쑤시듯이 아픈 느낌
- **꼬르륵 꼬르륵** : 배가 고플 때 배에서 나는 소리
- **드르렁 드르렁** : 코를 골 때 나는 소리
- **왁자지껄, 와글와글** : 여러 사람이 떠들썩하게 이야기하는 소리나 모양
- **지끈지끈** : 머리나 상처가 몹시 쑤시고 아픈 느낌

구두쇠

- 뜻 : 돈이나 물건을 몹시 아끼는 사람
- 어원 : 구두에 쇠를 붙였다고 해서 나온 말. 또는 '굳은 쇠'에서 나온 말.

녹초

- 뜻 : '녹초가 되다'의 형태로 쓰여, '아주 맥이 풀리어 늘어지다.'라는 뜻.
- 어원 : 녹초는 '녹은 초'를 뜻한다. 초가 녹아내리는 것처럼 흐물흐물해지거나 보잘 것 없이 된 상태를 나타내는 말.

바보

- 뜻 : 멍청하고 어리석은 사람.
- 어원 : '밥 +보'에서 'ㅂ'이 탈락된 형태. 일은 하지 않고 할 일 없이 놀면서 밥만 먹는 사람을 뜻하는 말.

제 2과

설명을 위한 글쓰기

- 용어 설명하기
- 제품 설명하기
- 각 나라 문화 설명하기

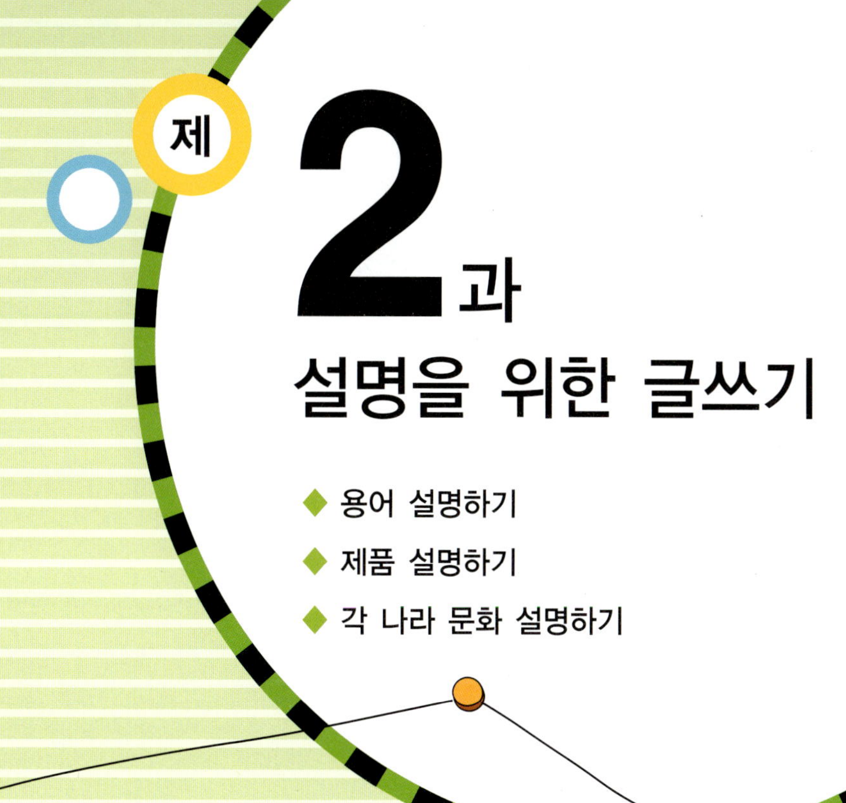

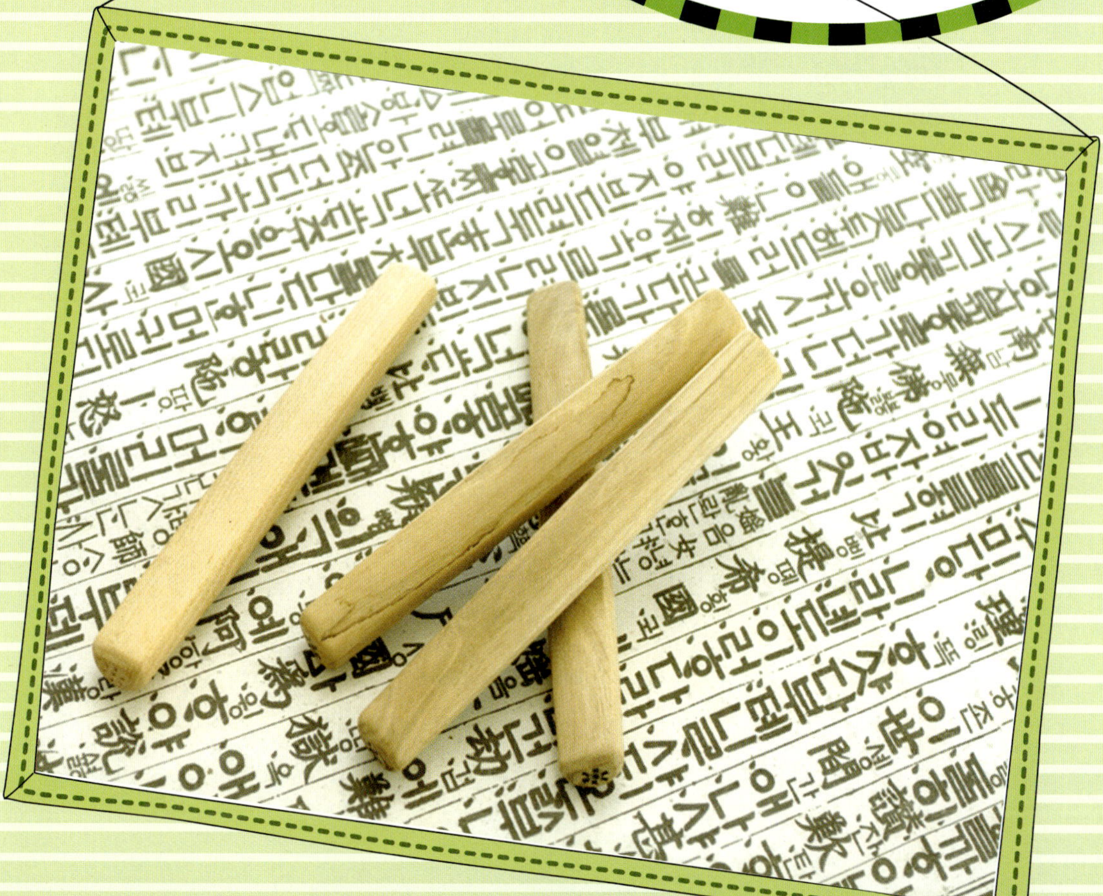

용어 설명하기

1. 한국에서 사용하는 용어의 의미를 알 수 있다.
2. 단어와 문장을 활용하여 용어를 설명할 수 있다.

들어가기

1 밑줄 친 곳에 들어갈 말을 써 봅시다.

요요 현상

　'요요'는 동그란 원형 가운데에 막대를 축으로 하여 끈을 매단 아이들의 장난감이다. 이 끈을 감아 손가락에 끼우고 늘어뜨리면 내려갔던 요요가 빠르게 위로 올라오도록 되어 있다. 이와 같이 다이어트로 어느 정도 몸무게가 줄었다가 _______________

____

현상을 '요요 현상'이라고 말한다. 이 현상은 요요 장난감 놀이와 비슷하여 붙여진 이름이다.

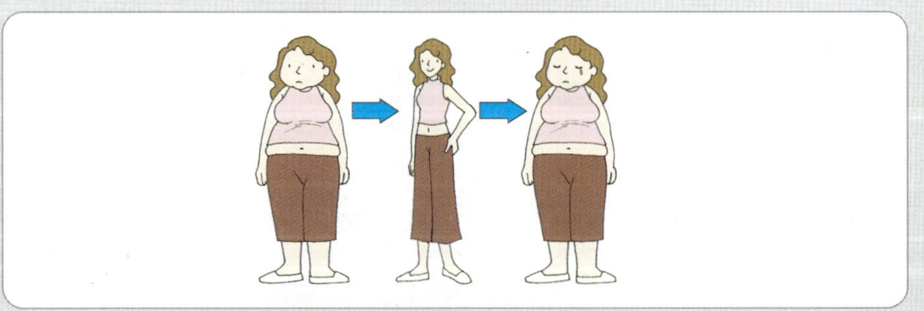

 다음은 무엇에 대한 설명입니까?

> 지구 표면의 평균온도가 올라가는 현상이다. 땅이나 물에 있는 생태계가 변화하거나 바다의 수면이 올라가서 해안선이 달라지는 등 기온이 올라감에 따라 발생하는 문제를 포함하기도 한다.

> 우편물이나 짐, 상품 등을 요구하는 장소까지 직접 배달해 주는 것을 말한다. 어떤 백화점은 상품을 구매한 고객이 원하는 시간과 장소에 무료로 상품을 배달해 주는 이 서비스를 실시하고 있다.

1 다음 단어를 사용하여 아래에 제시한 용어를 설명해 봅시다.

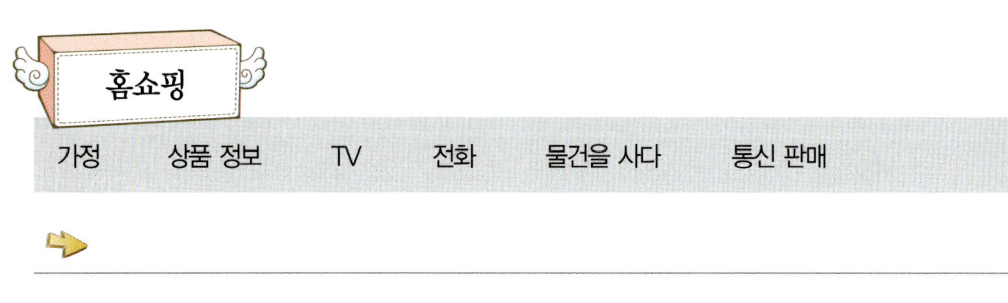

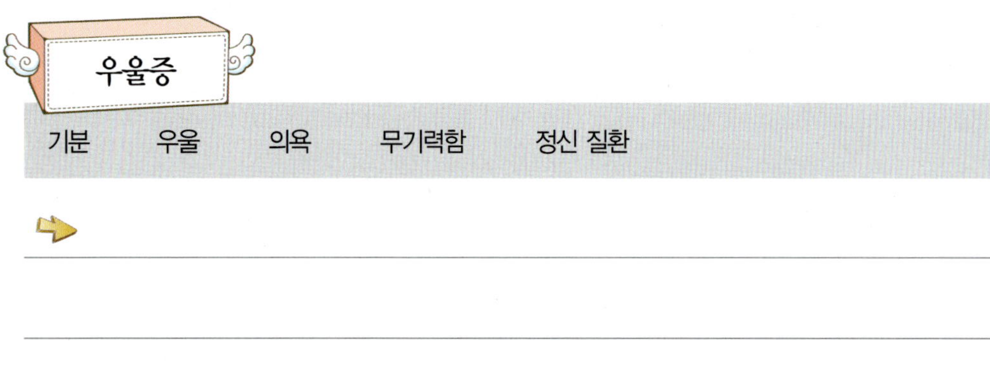

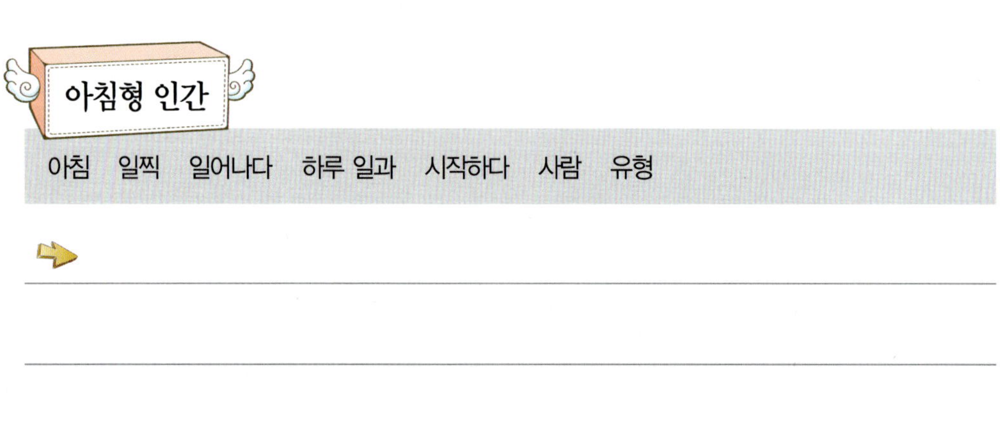

 제시된 글을 참고하여 다음 용어들을 설명해 봅시다.

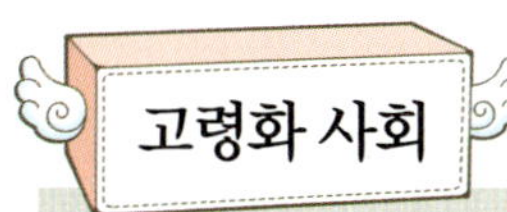

정의 : 65세 이상의 인구가 전체 인구의 7% 이상인 사회.

원인 : 출생률의 저하와 사망률의 저하.

____

____

____

정의 : 1990년대부터 동남아시아에서 일기 시작한 한국대중
문화의 열기.

원인 : 한국 드라마의 중국 수출이 시작. 한국문화에 대한 선호 현상.

____

____

____

정의 : 회사를 경영하는 데 어려움이 생겼을 때 기업이 종업원
을 해고할 수 있는 제도.

원인 : 장비가 자동화되어 효율성이 증대됨.

____

____

____

1 다음 글에서 설명하는 '이것'은 무엇일까요?

> 개개인들의 경제·사회생활은 예측할 수 없는 사고 발생으로 끊임없는 위협을 받고 있다. 이러한 사고에는 화재, 교통사고, 지진, 풍수해 등과 같은 것이 있다. **이것**은 이러한 사고를 당할 위험이 있는 사람들이 미리 돈을 내어 공동으로 준비된 재산을 형성하고 사고를 당한 사람이 이것으로부터 경제적 지원을 받는 제도를 말한다.

2 다음 글을 읽고 밑줄 친 부분을 완성해 봅시다.

> 동호회란 ____ 을/를 일컫는 것이다. 요즘은 인터넷을 통한 정보 교환이 활발해지면서 실제 모임을 갖지 않고 인터넷을 통한 모임이 많이 이루어진다. 수를 헤아릴 수 없을 만큼 많은 인터넷 동호회는 관심 분야에 대한 서로의 정보를 교환하기도 하고 다양하고 의미 있는 행사를 열기도 한다.

1 다음 보기 를 활용하여 아래에 제시한 용어를 설명해 보십시오.

> **보기**
> - 컴퓨터 행위 사람 이름 드러나다 특성
> - 정보 통신망 제공하다 새로운 공간 활동하다 사람 시민(시티즌) 네트워크 합성어
> - 사람 명예 품위 사회적 평가 떨어뜨리다 허위 사실 지적
> - 컴퓨터 통신 악용하다 사이버공간 행하다 범죄

- 익명성

  ➡

- 네티즌

  ➡

- 명예 훼손

  ➡

- 사이버 범죄

  ➡

다음 내용을 참고하여 '댓글문화'를 설명하는 글을 간단하게 써 봅시다.

● 댓글문화

- **정의** : 인터넷 게시판 이용자들 사이에 주고받는 글쓰기 문화

- **'댓글'의 뜻** : 한 게시물에 관한 의견을 쓰는 짧은 글

- **장점** : 자유로운 토론이 이루어진다.

- **단점** : 무분별한 비난으로 다른 사람의 명예를 훼손할 수

  있다.

3　**1** 과 **2** 의 내용을 참고하여 '댓글문화'를 설명하는 글을 써 봅시다.

○ 댓글문화

나오기

1 자신이 쓴 글을 발표해 봅시다.

2 '댓글문화' 에 대한 자신의 의견을 말해 봅시다.

제품 설명하기

1. 제시된 정보를 활용하여 제품에 대해 쓸 수 있다.
2. 제품의 기능과 특징에 대해 쓸 수 있다.

들어가기

※ 다음 제품들의 특성을 간단하게 써 봅시다.

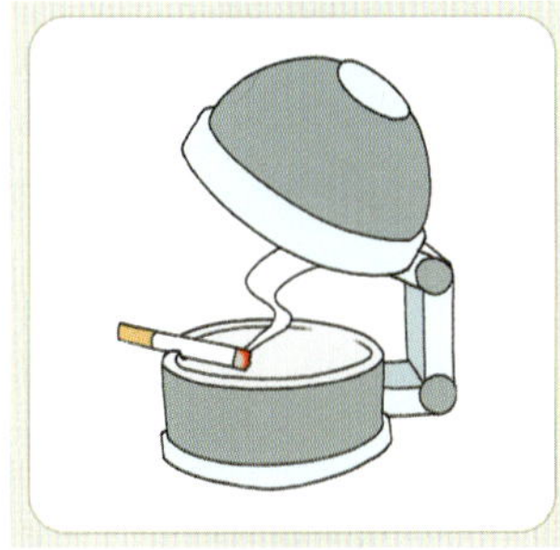

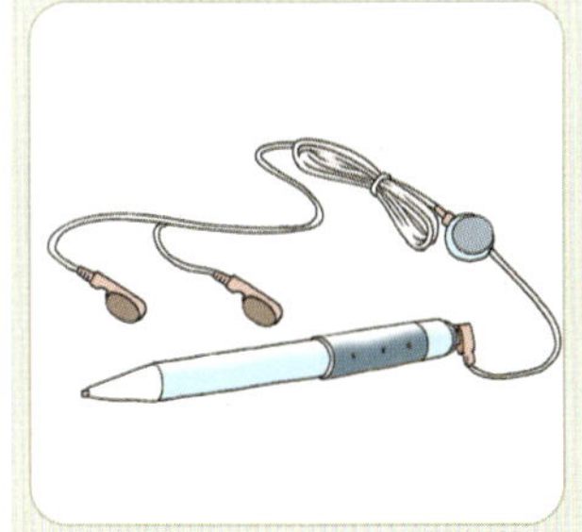

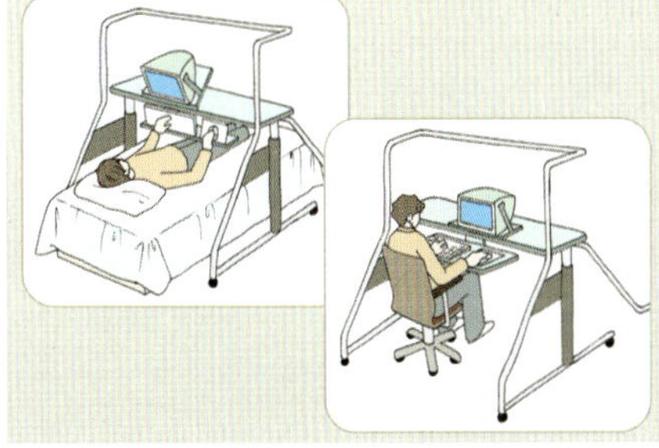

1 다음 설명에 해당하는 제품 이름을 쓰십시오.

> 특정 시각에 맞추어 놓으면 그 시각에 자동으로 벨이 울리게 되어 있다. 주로 아침에 잠을 깰 때 사용한다.

> 대머리를 감추거나 분장, 또는 장식을 위해 머리에 얹어 쓰는 가짜머리이다. 고대 이집트에서 처음 사용했으며 장식은 물론이고 머리를 햇볕으로 보호하는 역할을 하였다. 재료로는 사람의 머리카락, 말이나 양의 털을 사용하였다.

2 제시된 단어를 사용하여 제품을 간단하게 설명해 봅시다.

- 노트북 컴퓨터

| 휴대하다 | 간편하다 | 이동하다 | 사용하다 | 노트 | 크기 | 컴퓨터 |

- 자동판매기

| 동전 | 지폐 | 넣다 | 원하다 | 물품 | 고르다 | 자동 | 나오다 | 기계 |

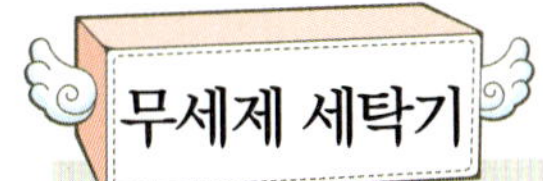

특성 : 면도 기능과 전화 기능을 모두 갖춤. 물과 비누가 필요 없음.

사용 방법 : 충전해서 사용. 면도만 할 때는 전원스위치만 켜면 됨.

주의 사항 : 물이 닿지 않는 곳에 보관.

___

___

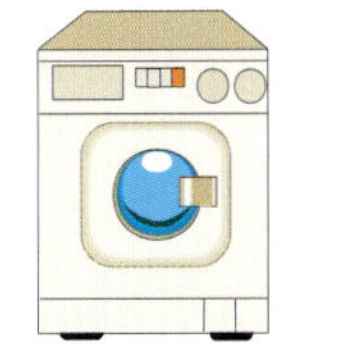

특성 : 세제를 쓰지 않고 물만 사용하여 세탁.

원리 : 세탁기 내부의 특수 전기분해장치에서 만들어내는 이온수
의 움직임으로 세탁과 동시에 세탁물의 세균을 제거.

효과 : 수질 오염을 줄일 수 있음. 피부 질환을 막을 수 있음.

___

___

※ 다음 제품에 대한 설명을 읽고 지시에 따라 답을 써 봅시다.

> 이 휴대전화는 음성 통화 기능뿐만 아니라 문자 기능, 화상 통화까지 가능합니다. 그리고 교통·증권에 관한 정보 제공과 음악 저장 및 라디오 기능까지 갖추고 있습니다. 카메라가 내장되어 있습니다. ㉠ ____.
>
> 그리고 이제 이 제품의 출시로 '휴대전화로 지상파 방송을 ㉡ ________________________ ________________________가 열렸습니다.

1 이 글의 주제는 무엇입니까?

____

2 밑줄 친 부분에 넣을 수 있는 설명을 더 써 봅시다.

 ㉠

____

 ㉡

____

1 다음 단어를 참고하여 일반 카메라와 디지털 카메라가 어떻게 다른지 써 봅시다.

- 셔터   필름   메모리칩   화면   즉시   확인
  삭제   현상
- 사진관   사진현상소   맡기다   인화   출력   시간
  영구보존
- 비용   편집   포토샵   가격   데이터
  분실   앨범   전송

 사용 기능

 현상 방법

 사진 보관 방법

2　**1** 의 내용을 바탕으로 '디지털 카메라의 기능과 특징'을 설명해 봅시다.

디지털 카메라의 기능과 특징

나오기

1 자신이 쓴 글을 발표해 봅시다.

2 요즘 새로 나온 제품들에 대해 이야기해 봅시다.

각 나라 문화 설명하기

1. 한국의 관습에 대해 설명할 수 있다.
2. 자기 나라의 문화와 예절에 대해 설명할 수 있다.

들어가기

1 다음 그림을 보고 나라마다 뜻이 어떻게 다른지 이야기해 봅시다.

2 다음 사진은 무엇을 의미할까요?

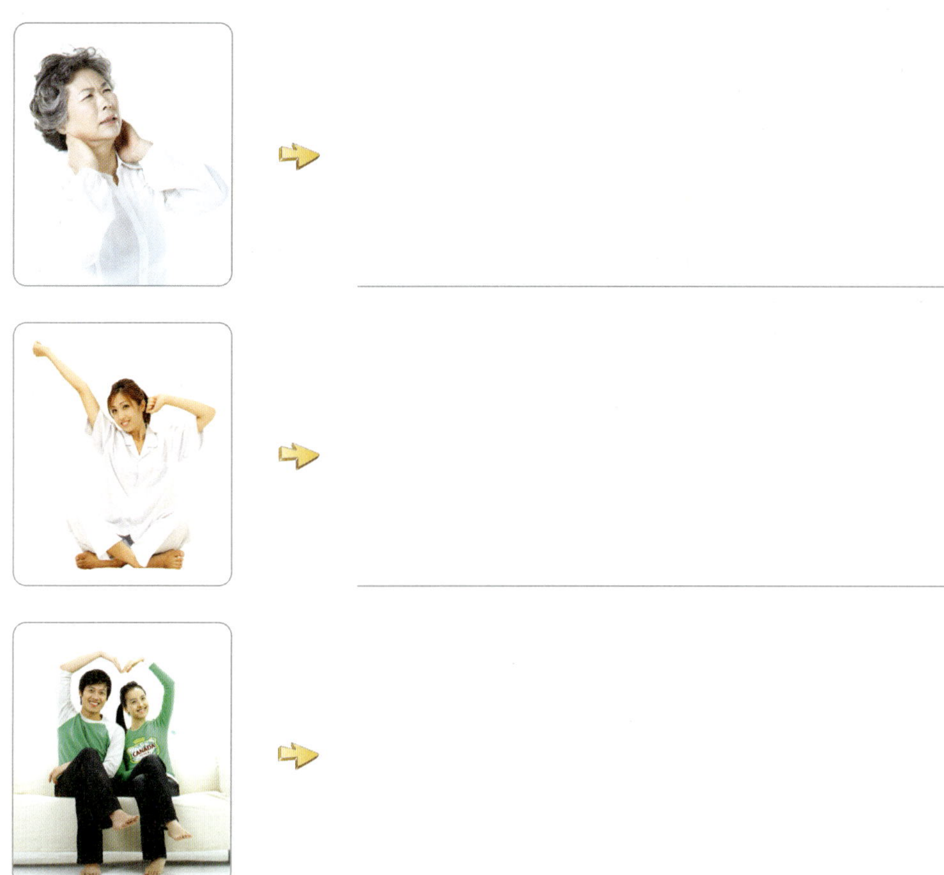

3   무엇을 하고 있는 사진입니까? 설명해 보십시오.

1 제시된 단어를 사용하여 한 문장으로 써 봅시다.

1)

태국	머리	신성시하다	만지다	예의	어긋나다

2)

중국	시계	선물하다	죽음	상징하다	실례	행동

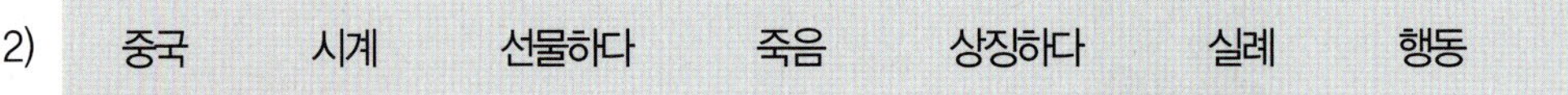

3)

러시아	꽃	짝수	장례식	고인	바치다	뜻	피하다	좋다

 한국에서 주의해야 할 행동은 어떤 것이 있을까요? 그림을 보고 써 봅시다.

한국에서는 집에 들어갈 때 신발을 벗어야 한다.

 밑줄 친 곳에 들어갈 적당한 말을 쓰십시오.

서로 다른 인사법

사람을 만났을 때 인사하는 방법은 나라와 민족마다 다르다. 한국 사람들은 인사를 할 때 _________________________________. 그렇지만 미국 사람들은 눈을 보면서 _________________________________. 아프리카 마사이 부족들은 반가움의 표시로 얼굴에 침을 뱉는다. 뉴질랜드의 마오리족은 손님을 환영할 때 서로 코를 두 번씩 비비는 코인사를 한다. 태국에서는 두 손을 모으고 팔꿈치를 몸에 붙이고 인사한다. 중남미에서는 껴안고 키스를 한 후 친근함의 표시로 어깨를 몇 번 두드린다. 프랑스와 이탈리아에서는 양쪽 볼에 _________________________________.

TOPIK 따라잡기 

1 다음 줄친 부분에 들어갈 수 있는 글로 적당한 것을 고르십시오.

> 한국에서는 가족이 아닌 사람에게도 가족들의 호칭을 사용한다. 예를 들면 학교나 직장 동료 중 나이가 자기보다 많은 사람에게 '언니', '누나' 또는 '오빠', '형'이라 부르는 경우이다. 친구 부모에게도 '어머니', '아버지'라고 부르며, 심지어 식당 아주머니에게도 어머니의 여동생을 부를 때 사용하는 '이모'라는 호칭을 사용한다. 이러한 풍습은 한국인들이 주변의 가까운 사람들을 가족같이 친근하게 여기는 데서 오는 것이기도 하지만 거꾸로＿＿＿＿＿＿＿＿＿＿＿＿＿＿＿＿＿＿＿＿＿＿＿＿＿.

① 한국인들의 사회는 인정을 중요하게 생각하기 때문이기도 하다.

② 가족과 같은 호칭이 사람을 가깝게 만들 수 있기 때문이기도 하다.

③ 한국인들은 가족 아닌 사람들에 대한 호칭이 없기 때문이기도 하다.

④ 한국사회에는 직장이나 학교에 가족들이 자주 오기 때문이기도 하다.

2 다음 밑줄 친 부분에 들어갈 말을 넣어 글을 완성하십시오.

> 프랑스의 악수법은 다른 나라와 ㉠ ＿＿＿＿＿＿＿＿＿. 프랑스에서는 악수를 할 때 가볍고 빠르게 하는 것이 예의 있는 행동이다. 그리고 만날 때, 헤어질 때, 매일, 매번 할 정도로 악수를 ㉡ ＿＿＿＿＿＿＿＿＿. 방에 들어가면 그 방에 있는 모든 사람과 일일이 인사하고 악수를 나누는데, 힘을 주어 악수하면 ㉢ ＿＿＿＿＿＿＿＿＿고 생각한다. 일반적으로 높은 지위에 있는 사람이 먼저 손을 내민다. 남녀 간에는 여자가 먼저 손을 내밀지만, 상대 남자의 사회적 지위가 더 높을 때는 예외이다.

➡ ㉠ ＿＿＿＿＿＿＿＿＿＿＿＿＿＿＿＿＿＿＿＿＿＿＿＿＿＿＿＿＿＿＿＿＿＿＿

➡ ㉡ ＿＿＿＿＿＿＿＿＿＿＿＿＿＿＿＿＿＿＿＿＿＿＿＿＿＿＿＿＿＿＿＿＿＿＿

➡ ㉢ ＿＿＿＿＿＿＿＿＿＿＿＿＿＿＿＿＿＿＿＿＿＿＿＿＿＿＿＿＿＿＿＿＿＿＿

1 여러분 나라에서 몸으로 나타내는 언어 표현에는 어떤 것이 있습니까?

2 여러분 나라에서 꼭 지켜야 하는 예절이 있습니까? 간단하게 써 보십시오.

3 여러분 나라에서 예의에 어긋나는 행동에는 어떤 것이 있습니까?

4 한국과 비교해 볼 때 어떤 점이 다릅니까?

○ 제목 :

1 자신이 쓴 글을 발표해 봅시다.

2 각 나라 문화의 차이점에 대해 서로 이야기해 봅시다.

제
3 과
요약하여 글쓰기

◆ 대화문 요약하기
◆ 이야기 요약하기
◆ 신문기사 요약하기

NEWS
NEWS

대화문 요약하기

1. 대화 내용을 요약할 수 있다.
2. 긴 글의 요약문을 쓸 수 있다.

들어가기

※ 다음은 무엇에 관한 이야기입니까? 간단하게 요약하여 써 봅시다.

직원 : 어서 오세요. 무엇을 도와 드릴까요?

투이 : 실례합니다. 오늘 지하철에서 가방을 잃어버려서 왔는데요.

직원 : 아, 그러세요? 언제, 몇 호선 지하철에서 잃어버리셨습니까?

투이 : 오늘 오전 10시쯤 2호선에서요. 강남역에서 전화 통화를 하면서 내리는 바람에 가방을 놓고 내렸어요. 그 가방 안에는 중요한 서류가 들어 있어서 꼭 찾아야 합니다.

직원 : 어떻게 생긴 가방이지요? 색깔이나 모양을 이야기해 주세요.

투이 : 갈색 가죽가방인데, 손잡이하고 앞부분은 검은색이에요. 그리고 양쪽 옆에는 주머니가 달려 있어요.

직원 : 네, 알겠습니다. 바로 찾아보겠습니다. 이쪽에 앉아서 잠시만 기다려 주십시오.

나는 오늘 ____

____

____

____

1 다음 대화를 잘 읽고 질문에 맞는 답을 써 보십시오.

> **이 부장** : 김 대리, 이게 어떻게 된 일입니까? 어제까지 계획서 마무리해서 올리라고 했
> 잖아요.
> **김 대리** : 다른 업무가 많이 밀려 있어서 다 못했습니다. 죄송합니다.
> **이 부장** : 이것보다 더 중요한 업무가 어디 있습니까? 아직까지 이러고 있으면 어쩌자는
> 겁니까? 이번 일 잘못되면 김 대리가 책임질 겁니까?
> **김 대리** : 죄송합니다. 그렇지만 제 업무가 너무 많아서 혼자 감당하기가 힘이 드네요.
> 어제도 밤 10시까지 혼자 일하다
> 가 퇴근했습니다.
> **이 부장** : 늦게까지 일하면 뭐합니까? 제대
> 로 일을 해내야지요. 오늘 오후까
> 지 계획서 써서 올리세요.
> **김 대리** : 네, 알겠습니다.

1) 이 부장은 왜 화가 났습니까?

____

2) 이 부장이 부하 직원을 대하는 태도는 어떻습니까?

____

3) 대화 상황을 간단하게 요약하여 써 봅시다.

> **후배** : 마지막 학기라서 면접을 보는 친구들이 많은데요. 회사 면접을 볼 때 가장 중요
> 하게 생각해야 하는 것은 무엇일까요?
>
> **선배** : 물론 면접관에 따라 약간씩 다를 수도 있겠지만 가장 먼저 눈에 들어오는 것은 외
> 모에서 풍기는 '인상'이겠지. 얼굴뿐만 아니라 머리 모양, 옷차림, 목소리, 걸음
> 걸이, 태도 등에 신경을 쓰는 것이 중요해.
>
> **후배** : 그렇군요. 사실 옷차림에 따라 그 사람의 성격이나 자세 등을 평가하게 되는 경
> 우도 많으니까요. 남자의 경우, 어떤 옷차림이 좋을까요?
>
> **선배** : 직종에 따라 다르지만 대체로 양복은 무늬가 없는 것이 좋고, 와이셔츠나 넥타이
> 를 비슷한 느낌의 색깔로 선택하되 강조를 해 주면 좋아. 그렇지만 지나치게 화
> 려한 색상은 피하는 것이 좋겠지. 잘못하면 옷의 색상이 너무 튀어 같이 일하는
> 사람들과 잘 어울리지 못할 거라는 인상을 심어줄 수도 있으니까.
>
> **후배** : 아, 그렇군요. 그러면 면접을 볼 때 주의해야 할 행동은 뭐가 있을까요?
>
> **선배** : 면접을 하는 동안 책상을 바라보거나 주위를 두리번거리는 행동은 삼가야 해. 면
> 접관을 무시하거나 자신감이 없는 듯한 느낌을 줄 수 있어. 침착하고 밝은 표정
> 으로 면접관의 눈을 보면서 자신감 있게 이야기하는 것이 좋아.
>
> **후배** : 혹시 질문하는 내용에 대해 잘 모를 경우는 어떻게 해야 합니까?
>
> **선배** : 대답을 하려고 애쓰는 모습을 보이는 것도 중요하지만 엉뚱한 대답을 하는 것보
> 다 솔직하게 모른다고 답하는 것이 좋아.

1) 이 대화의 주제는 무엇입니까?

2) 면접을 볼 때 '외모'에 신경을 써야 할 부분은 무엇입니까?

3) 남자의 경우, 어떤 옷차림이 적당합니까?

4) 면접을 볼 때 주의해야 할 행동에 대해 요약하여 써 봅시다.

1 다음 대화 내용을 읽고 지시에 따라 글을 쓰십시오.

> **핫산** : 부산에 사는 외국인을 위한 한국생활 체험 행사가 있대요.
>
> **빠샤** : 그래요? 언제 행사를 하나요?
>
> **핫산** : 8월 1일 목요일부터 8월 2일 금요일까지 한답니다.
>
> **흐엉** : 언제까지 신청하면 되나요?
>
> **핫산** : 7월 20일 오후 5시가 신청 마감일이래요.
>
> **빠샤** : 혹 전화번호 가지고 계세요? 흐엉, 우리 같이 신청하자.
>
> **핫산** : 예, 여기 있어요. 받아 적으세요. 640국에 3628번이에요.

1) 위의 대화 내용에 따라 안내문을 만들려고 합니다. 빈 곳을 채워 넣으십시오.

〈 **한국생활 체험행사 안내** 〉

기　　간 :	
참 가 비 :	10,000원
참가 자격 :	
신청 마감 :	
문　　의 :	

2) 대화 내용과 안내문을 참조하여 알리는 글을 쓴 것입니다. 밑줄 친 곳에 적합한 글을 써 넣으십시오.

　　여름 방학을 맞아 부산에 거주하는 외국인들과 함께 하는 한국생활 체험행사를 마련했습니다. 한국 사람과 어울려 한국생활을 직접 체험해 보는 이번 행사에 많은 참여 부탁드립니다. 행사는 8월 1일 목요일부터 8월 2일 금요일까지 1박 2일에 걸쳐 진행되며 참가비는 1만원입니다. ＿＿＿＿＿＿＿＿＿＿＿＿＿＿＿＿＿

＿＿＿

 다음 대화에 따라 글을 완성하려고 합니다. 빈 곳을 채워 보십시오.

> **나타샤** : 우리 학교에서 외국인을 위한 사물놀이 무료 강습이 있대. 한 번 배워볼래?
>
> **려 위** : 사물놀이? 그거 좋네. 어디에서?
>
> **나타샤** : 체육관에서.
>
> **려 위** : 무슨 요일, 몇 시에 한대?
>
> **나타샤** : 매주 금요일, 오후 4시부터 2시간 한대. 넌 할 수 있니?
>
> **려 위** : 응. 금요일 오후엔 수업이 없어. 그런데 뭘 준비해야 하지?
>
> **나타샤** : 별 다른 것은 없고 편한 옷차림으로 오래.
>
> **려 위** : 좋아! 우리 같이 신청하자.

사물놀이를 배워봅시다!

외국인을 위한 무료 강습이 있습니다. 시간은 매주 금요일 오후 4시부터 두 시간 동안 합니다. 한국의 사물놀이에 관심이 있는 분들은 ________________________________.
장소는 체육관입니다. ________________________________.

1 라디오 진행자와 청취자의 대화입니다. 읽어 보고 지시에 따라 써 봅시다.

진행자 : 안녕하세요? 어디에 사는 누구십니까? 자기소개를 좀 해 주십시오.

나탈리 : 네, 저는 나탈리라고 합니다. 프랑스 사람인데 한국 남자와 결혼해서 대전에서 살고 있습니다.

진행자 : 아, 그렇군요. 한국 사람과 결혼을 하셔서 그런지 한국말을 아주 잘 하시는군요. 한국에는 언제 오셨습니까?

나탈리 : 8년 전에 왔습니다. 한국에서 대학교를 다녔고, 한국 남자를 만나 결혼도 했습니다.

진행자 : 오늘 어떤 이야기를 해 주시려고 전화 주셨습니까?

나탈리 : 외국인이 겪는 한국생활에 대해 이야기를 하고 싶어서요. 처음에 한국에 왔을 때는 친절하고 인심 좋은 한국 사람들을 많이 만나서 적응하는 것이 별로 어렵지 않았어요. 그래서 한국 사람과 결혼도 하고 아이도 낳고, 한국 사람처럼 되려고 노력을 했지만 시간이 지나면서 '아, 나는 완전한 한국 사람으로는 받아들여지지 않는구나.' 하는 생각이 들더군요.

진행자 : 그럼, 국제결혼을 한 것에 대해 후회를 하시는 건가요?

나탈리 : 아니요, 후회를 하는 건 아니고 단지 처음과 생각이 많이 달라졌다는 거지요. "사랑엔 국경도 없다."는 말처럼 처음에는 사랑하는 사람을 만나 결혼을 할 수 있다는 것만으로 행복하고 좋았습니다. 그렇지만 시간이 지나도 한국 사람들은 한국 사람처럼 행동하고 함께 어울려 살아가는 저를 여전히 '외국인' 이라는 색안경을 끼고 바라봐 힘들었어요.

진행자 : 그래서 지금도 그런 시선 때문에 많이 힘드십니까?

나탈리 : 아니요, 한 동안은 힘들었지만 지금은 많이 나아진 편이에요. 이제는 귀화도 했고, 오히려 프랑스인이기 때문에 한국과 프랑스, 양국을 잇는 다리 역할을 할 때도 있어서 만족하고 행복합니다.

진행자 : 아주 다행이군요. 오늘 좋은 말씀 감사드립니다.

1) 대화의 핵심 단어를 찾아 써 보십시오.

2) 나탈리 씨의 상황과 심리적인 변화를 간단하게 요약해 봅시다.

● 결혼하기 전

● 결혼 후

● 현재

3) 두 사람이 나눈 대화를 간단하게 요약하여 쓰십시오.

 다음 대화문의 내용과 상황을 서술문으로 간단하게 요약해 봅시다.

1)

> **성원**: 마리야, 너 어제 취업박람회에 갔었어?
>
> **마리**: 아니. 난 다음 학기에 대학원을 갈지 취직을 할지 아직 결정을 못 해서 안 갔어. 너는?
>
> **성원**: 오후에 갔었는데 생각보다 사람들이 많아서 깜짝 놀랐어. 300여 개의 기업이 참여를 해서 회사 홍보를 하러 나왔고, 취직자리를 알아보려고 몰려든 사람만 1,000명이 넘었어. 어제 취업박람회에 가서 취업하기가 정말 어렵다는 것을 실감했어.
>
> **마리**: 하긴 요즘 취업 준비생들은 무슨 회사, 어떤 일보다 일단 일자리만 구하고 보자는 생각을 많이 하는 것 같아.
>
> **성원**: 그러게 말이야. 참 안타까운 현실이지. 자기 적성에 맞고 잘 할 수 있는 일, 하고 싶은 일을 찾아야 하는데……. 입사 원서를 그 자리에서 접수 받는 회사도 있었고, 지원하고 싶어 하는 사람들에게 한 명씩 친절하게 상담을 해 주는 회사도 있었어. 그리고 면접 체험관에서는 실제 상황처럼 면접 연습도 할 수 있어서 아주 좋았어.
>
> **마리**: 그래? 채용 정보도 많이 얻을 수 있고, 면접 체험도 해 볼 수 있다니까 다음에는 나도 꼭 한번 가봐야겠다.

2)

마리 : 성원아, 지난주에 회사 면접시험은 잘 봤어?

성원 : 응, 긴장이 되어서 무슨 말을 했는지 기억도 안 나. 묻는 말에 대답을 하긴 했는데 결과가 어떨지는 잘 모르겠어. 취업박람회에서 면접 체험할 때 연습을 많이 했는데 왜 그렇게 떨리던지…….

마리 : 응시자는 많았어?

성원 : 응, 10명 채용하는데 800명이 지원을 했어.

마리 : 우와, 정말 많이 지원을 했네? 대답하기 어려웠던 질문은 없었어?

성원 : 있었어. 면접관 중 한 명이 연봉은 좀 낮지만 적성에 맞는 직장과, 적성에는 맞지 않지만 미래가 보장되는 안정된 직장 중에 어떤 직장을 선택할 거냐는 질문을 했어. 그 순간 어떻게 대답을 해야 할지 몰라 몇 초 동안 가만히 있었어.

마리 : 그래? 그럼 대답을 못한 거야?

성원 : 아니, 결국 망설이다가 적성에 맞지 않으면 일을 하는 즐거움을 느낄 수 없기 때문에, 연봉과 관계없이 적성에 맞는 직장을 선택하겠다고 대답했지. 그렇지만 속으로는 적성도 연봉도 상관없으니 제발 합격만 시켜달라고 빌고 있었지.

마리 : 네 마음이 이해가 된다. 취업하는 게 정말 보통 어려운 일이 아니구나.

성원 : 그러니까 '이구백', '십장생' 이런 말들이 생기지.

마리 : 그게 무슨 말이야?

성원 : '이구백'은 '20대의 90%가 백수'라는 말이고 '십장생'은 "10대들도 장차 백수가 되는 것을 생각해야 한다."는 말이야. 요즘 얼마나 취업하기가 힘든지 말해 주는 거지.

  앞의 대화문 내용을 바탕으로 주제를 정하고, 요약한 이야기를 연결하여 써 봅시다.

○ 제목 :

나오기

1   요약한 글을 발표해 봅시다.

2   발표 글에 대한 다른 사람의 의견을 들어 봅시다.

이야기 요약하기

1. 긴 이야기를 짧게 요약할 수 있다.
2. 글에서 중요한 단어나 문장을 찾을 수 있다.

들어가기

1 다음 그림을 보며 무슨 이야기인지 말해 봅시다.

> 　출발하고 있는 기차에 간디가 급하게 올라탔다. 그런데 순간, 그의 신발 한 짝이 벗겨져 플랫폼 바닥에 떨어지고 말았다. 이미 기차가 움직이고 있었기 때문에 간디는 그 신발을 주울 수가 없었다. 그러자 간디는 얼른 나머지 신발 한 짝을 벗어 그 옆에 떨어뜨렸다. 함께 있던 사람들은 간디의 그런 행동에 놀라지 않을 수가 없었다. 이유를 묻는 한 승객의 질문에 간디는 미소를 지으며 대답했다.
>
> 　"어떤 가난한 사람이 바닥에 떨어진 신발 한 짝을 주웠다고 상상해 보세요. 그에게는 그것이 아무런 쓸모가 없을 겁니다. 하지만 이제는 나머지 한 짝마저 갖게 되지 않았습니까?"

1) 이 이야기에 알맞은 제목을 붙여 보십시오.

___

2) 간디는 왜 나머지 신발 한 짝을 벗어 떨어뜨렸는지 그 이유를 쓰십시오.

___

3) 자기 주변에 간디와 같이 남을 위해 행동한 사람이 있습니까? 그 사람에 대해 간단하게 써 봅시다.

※ 다음 이야기를 잘 읽어 봅시다.

까마귀의 지혜

어느 날 까마귀가 숲 속에서 날고 있었다. 멀리서 날아온 까마귀는 며칠째 물을 마시지 못해 목이 몹시 말랐다. 여기저기 물을 찾아 헤맸지만, 숲에는 아무리 찾아도 물이라곤 보이지 않았다.

"이제 날 힘도 없구나. 이대로 죽으면 어떡하지?"

바로 그 때 파랑새 한 마리가 까마귀 쪽으로 날아왔다.

"저기요, 이 숲에는 물이 없나요?

"물이 필요하세요?"

"네. 며칠째 물을 못 먹어서 죽을 것 같아요?"

"네. 물이 있긴 있는데……. 저를 따라 와 보실래요?"

까마귀는 물이 있다는 말이 너무 기뻐 파랑새를 따라 날아갔다. 파랑새가 데려다 준 곳에는 정말 호리병에 물이 담겨 있었다.

"야호! 드디어 물을 찾았다."

너무나 기쁜 나머지 까마귀는 호리병에 부리를 넣고 물을 먹으려 하였다. 그러나 까마귀는 물을 먹을 수 없었다. 물은 호리병의 바닥 부근에 있고, 까마귀의 부리는 그 곳까지 닿을 수 없었기 때문이다. 하지만 까마귀는 갈증이 심해 물을 포기할 수 없었다.

"음… 좋은 방법이 어디 없을까?"

까마귀는 고민을 했다.

"아, 그래!"

까마귀는 번뜩 무엇이 생각났는지 어디론가 날아갔다. 까마귀가 가져 온 것은 작은 돌이었다. 까마귀는 작은 돌을 물어와 하나씩 하나씩 병 속에 넣기 시작했다. 그 모습을 지켜보고 있던 파랑새는 까마귀의 행동이 이상하게 보였다.

"아니, 지금 뭘 하는 거예요? 왜 물에 돌을 넣으세요?"

파랑새의 이런 말에도 아랑곳 하지 않고 까마귀는 계속해서 작은 돌을 호리병 속에 넣었다. 아, 그런데 돌을 넣을 때마다 물병의 물은 점점 위로 올라오기 시작하는 게 아닌가? 드디어 물은 호리병의 입구까지 올라와 있었다.

1 이 이야기에 나오는 중요한 단어들을 찾아 써 봅시다.

2 앞의 이야기를 다음 그림 순서에 따라 요약해 봅시다.

어느 시골 마을에 할머니와 할아버지가 단둘이 살아가고 있었습니다. 그들은 약초를 캐며 살아가는 가난한 사람들이었습니다. 그러나 착한 마음을 가진 할아버지와 할머니는 재물에 대한 욕심이 없이 행복하게 살았습니다.

어느 날, 약초를 캐기 위해 깊은 산 속으로 들어간 할아버지 귀에 새 울음소리가 들려왔습니다.

"저런, 가엾기도 하지! 누가 이 깊은 산속까지 그물을 쳐 놓았구나."

할아버지는 그물에 걸려 울고 있는 파랑새를 구해 주었습니다.

며칠 후, 산속을 헤매는 할아버지 앞에 파랑새 한 마리가 나타났습니다.

"아니 넌 그 파랑새 아니냐!"

"예! 할아버지, 전 할아버지 덕택에 이렇게 건강하게 지내게 되었어요."

"이 숲엔 또 왜 나타났니? 아직도 곳곳에 그물이 있어 위험하단다."

"저의 생명을 구해주셨으니, 할아버지께 은혜를 갚고 싶어요. 저를 따라 오세요."

할아버지는 파랑새를 따라 한참을 걸어갔습니다.

파랑새가 할아버지를 데리고 간 곳은 옥처럼 맑고 푸른 물이 솟는 샘이 있는 곳이었습니다.

"참으로 맑은 샘이로구나. 목이 마르던 참인데 우선 목부터 축여야겠다."

하고 할아버지는 샘물을 마셨습니다.

그런데 물을 마시고 난 할아버지 몸에 이상한 변화가 생겼습니다.

"아니 왜 이렇게 얼굴이 당길까? 이 손 좀 봐! 주름살이 없어졌네."

"할아버지, 이 샘물은 젊어지는 샘물이랍니다. 어서 물을 더 드시고 오래오래 사세요."

하고 파랑새는 어디론가 날아가 버렸습니다.

물을 마시고 젊은이가 된 할아버지는 단숨에 뛰어서 집으로 돌아왔습니다. 그런데 집에 있던 할머니는 갑자기 젊은이가 뛰어 들어 오자, 깜짝 놀라며 물었습니다.

"아니, 젊은이는 누군데 남의 집에 들어오는 거유?"

"할멈 나야, 당신 영감이라고. 이 옷을 보란 말이야."

할아버지는 할머니에게 젊어지는 샘물에 관한 얘기를 들려주었습니다.

그런데 이웃의 욕심 많은 할아버지가 이 이야기를 방문 밖에서 엿듣고 있었습니다. 욕심쟁이 할아버지는 이야기를 듣자마자 빨리 우물로 달려가 욕심껏 물을 퍼 마셨습니다. 그런데 물을 너무 많이 마신 할아버지는 그 자리에서 아기가 되어 버렸습니다.

할아버지는 할머니에게도 물을 마시게 하려고 함께 샘가로 갔습니다. 그런데 샘가에는 웬 갓난아기가 소리 높여 울고 있었습니다.

"웬 아기가 여기서 울고 있을까요?"

1) 이 이야기에 등장하는 사람과 동물에 대해 다음과 같이 써 보십시오.

○ 할아버지

- 착한 사람이다.
- 약초를 캐며 살았다.
-
-
-

○ 파랑새

- 깊은 산 속에서 그물에 걸렸다.
-
-
-
-

○ 할머니

- 재물에 대한 욕심이 없다.
-
-
-
-

○ 이웃 할아버지

- 욕심이 아주 많은 사람이다.
-
-
-
-

2) 이 이야기의 교훈을 간단하게 쓰십시오.

3) 1)~2)의 내용을 바탕으로 이 이야기를 간단하게 요약해 봅시다.

1 다음 대화에 맞도록 문장을 완성하십시오.

> 가 : 뭘 하라고 할 때 반대로 하는 사람들을 한국에서는 뭐라고 하는지 아니?
>
> 나 : 응, 청개구리 같다고 하잖아.
>
> 가 : 맞아, 내 동생이 요즘 꼭 청개구리 이야기에 나오는 아들 청개구리같이 엄마 말을
>
> ____________________________.

2 다음 밑줄 친 부분 중 틀린 부분을 찾아 바르게 고쳐 쓰십시오.

> 옛날 옛날에, 아주 ㉠게으름이 심한 아들이 있었다. 그 아들은 너무 게을러 ㉡밥 먹는 것조차 귀찮아 엄마가 늘 먹여 주곤 하였다. 어느 날, 엄마는 친정집에 잔치가 있어 며칠 ㉢집을 비워야 했다. 그런데 엄마는 게으른 아들이 걱정이 되었다. 그래서 생각 끝에 떡을 해서 아들의 목에 매달아 주었다. 그렇게 하면 아들이 엄마가 돌아올 때까지 하나씩 뜯어 먹겠지 하고 ㉣생각하던 것이다. 엄마는 아들에게 엄마가 돌아올 때까지 목의 떡을 먹고 있을 것을 당부하고 친정집으로 갔다. 며칠 후 엄마가 돌아왔다. 그런데 아들은 방안에 죽어 있었다. 아들 목에는 떡목걸이가 처음 그대로 걸려 있었다.

쓰기 2

1 다음 이야기를 간단하게 요약해 봅시다.

가)

> 어느 날. 숲 속의 왕 사자는 점심을 먹고 나자, 잠이 슬슬 오기 시작했습니다.
>
> "아, 잘 먹었다. 낮잠이나 자야겠다."
>
> 배가 부른 사자는 쿨쿨 자기 시작했습니다. 이때 숲 속으로 놀러온 아기 생쥐가 잠을 자고 있는 사자를 보았습니다. 자기 몸보다 엄청나게 크고 얼굴에 갈기가 넓게 퍼져 있는 모습이 생쥐에게는 신기했습니다.

나)

> 생쥐는 신기한 사자의 모습을 자세히 보고 싶었습니다. 그래서 사자 주위를 한 바퀴 빙 돈 후, 이번에는 사자의 등 위에 올라가봐야겠다고 생각했습니다. 아기 생쥐는 살금살금 사자 앞발 위로 기어오르기 시작했습니다. 그러나 사자는 아무 것도 모르고 잠만 쿨쿨 자고 있었습니다.
>
> "헤헤, 아무 것도 모르고 잠만 자고 있구나. 야호!"
>
> 아무 것도 모르고 잠만 자는 사자를 본 생쥐는 신이 났습니다. 그래서 생쥐는 사자 머리에서부터 사자 꼬리까지 단숨에 쪼르르 뛰어 달렸습니다.

다)

> 바로 그때 사자가 눈을 번쩍 뜨면서 잠에서 깨어났습니다.
>
> "어흥! 웬 녀석이야!"
>
> 아기 생쥐는 깜짝 놀라 그만 땅바닥으로 떼구루루 굴러 떨어지고 말았습니다.
>
> 그러자 사자는 앞발로 생쥐를 덥석 잡아 눈앞에 놓았습니다.
>
> "아니, 조그만 생쥐 녀석이 감히 숲 속의 왕인 내 몸을 타고 놀아?"

라)

생쥐는 '큰일 났다. 이제는 죽었구나.' 생각하면서 사자에게 빌었습니다.

"사자님, 제발 살려 주세요! 살려주시면 은혜는 꼭 갚겠습니다."

"하하하! 뭐? 너처럼 조그만 녀석이 은혜를 갚겠다고?"

"네, 꼭 갚겠습니다. 저는 약속은 꼭 지킨답니다."

"그래? 만일 그게 거짓말이면 널 가만 두지 않을 테다!"

사자는 아기 생쥐를 놓아 주었습니다.

마)

며칠 후, 사자는 먹을 것을 찾아 숲 속을 어슬렁거리다 그만 사냥꾼이 쳐 놓은 그물에 갇히고 말았습니다. 그물을 빠져나오려고 발버둥을 쳤지만 아무 소용이 없었습니다.

"어흥, 어흥! 살려주세요! 누구 없어요? 사자 살려요!"

사자는 숲 속이 떠나갈 듯이 울부짖었습니다.

마침 그 근처를 지나가던 아기 생쥐가 사자의 울음소리를 듣고 달려왔습니다.

"사자님, 걱정 마세요. 제가 구해드릴 테니 조금만 참으세요."

"조그만 네가 무슨 재주로 날 살리겠다는 거냐."

바)

"사자님, 아무리 작은 동물도 모두 재주 한 가지씩은 가지고 있답니다."

생쥐는 날카로운 이빨로 그물을 열심히 갉아댔습니다. 마침내 그물이 끊겨 사자는 그물 밖으로 빠져나올 수 있었습니다.

"고맙다. 생쥐야! 조그만 네가 날 구해주었구나."

"제가 약속을 했잖아요. 은혜를 갚겠다고."

아기 생쥐는 어깨를 한 번 으쓱하고는 웃으며 그 곳을 떠났습니다.

사자는 조그만 생쥐가 기특했습니다. 사실 사자는 그 조그만 생쥐가 자기를 살릴 것이라고는 상상조차 하지 않았던 것입니다.

 이 이야기에 제목을 붙이고 요약한 이야기를 연결하여 간단하게 써 봅시다.

○ 제목 :

나오기

1   자신이 쓴 이야기를 발표해 봅시다.

2   최근에 들은 가장 무서운 이야기나 재미있는 이야기를 해 봅시다.

신문기사 요약하기

1. 신문기사 내용을 읽고 머리기사를 붙일 수 있다.
2. 육하원칙에 맞추어 신문기사를 요약할 수 있다.

들어가기

1 다음 신문의 머리기사(표제)와 그림을 보고 기사 내용에 대해 서로 이야기해 봅시다.

 다음 신문기사의 내용을 읽어 봅시다.

    빠르게 사는 것을 거부하고 느리게 살기를 바라는 사람들이 늘고 있다. 최근 '물질과 명예를 위해 사는 삶보다는 신체와 정신이 건강한 삶을 행복의 기준으로 삼는 사람들' 이란 의미의 웰빙(Well-Being)족이 주목을 받고 있다. 그리고 '천천히 그러나 더 훌륭하게 일하는 사람(Slow But Better Working People)' 이라는 뜻의 슬로비(Slobbie)족도 관심을 받고 있다. 이들은 빠르게 돌아가는 사회에서 속도를 늦추고 보다 천천히 살기를 원하며 물질과 출세보다는 마음의 행복과 가족을 중시한다. 점점 늘어나고 있는 캔들(Candle)족은 전등 대신 일주일에 한 시간만이라도 촛불을 켜자고 주장한다. 촛불을 켬으로써 TV와 라디오, 컴퓨터에 빼앗겼던 시간을 되찾고 자신을 돌아보는 시간을 가지자는 것이다. 이들은 인간의 물질에서 얻을 수 있는 행복보다는 정신적인 풍요에 더 큰 가치를 두며 디지털 세상의 빠른 흐름에 거꾸로 반응한다.

1) 밑줄 친 부분에 적당한 머리기사를 써 봅시다.

2) 핵심이 되는 단어를 찾아 쓰십시오.

3) 이 신문기사의 주제를 한 문장으로 쓰십시오.

1 다음 신문기사 내용을 읽고 적당한 머리기사를 붙여 봅시다.

1) ______________________________

　　세상을 따뜻하게 만드는 철도원 김영민 씨. 김영민 씨는 2007년 부산역에서 어린이를 구하려다 다리를 잃고, 일곱 번의 대수술과 힘든 재활치료를 거쳐 1년 만에 자신의 직장으로 다시 돌아오게 되었다. 그는 하루 13만 명이 이용하는 역에서 매일 지하철 이용객들의 불편함을 살펴보고 역내 안전관리를 꼼꼼히 살피는 평범한 철도원으로 계속 일하고 싶다고 말한다. 두 다리를 잃고 즐겁게 살아가는 그의 일상생활이 사람들에게 깊은 감동을 주고 있다.

〈 OO신문　2007년 10월 25일 〉

2) ______________________________

　　요즈음 취직은 낙타가 바늘구멍을 통과하는 것보다 어렵다. 일반적으로 대학을 졸업하고 어렵게 구한 직장을 15년 정도 다니면, 그때부터는 퇴직의 불안에 휩싸여 지내게 된다고 한다. 불과 몇 년 전만 해도 50대 초반이던 직장 정년이 최근 실시한 설문조사에서는 49세로 대폭 낮아졌다. 이것 때문에 내 집 마련, 자녀 교육 등을 책임져야 하는 중요한 시기의 40대가 심리적으로 흔들리고 있는 것이다. 벌써 40대에 들어서면 '내가 얼마나 직장생활을 더 할 수 있을까.' 하는 고민에 빠져든다. 열심히 계속 일하기보다 재취업과 창업 등을 고민하며 마음의 갈피를 잡지 못하고 오락가락하는 것이다.

〈 OO경제신문 2007년 11월 17일 〉

공장에서 큰 불, 2명 숨져

지난 토요일 11월 10일 새벽 2시쯤 섬유 공장에서 큰 불이 나 두 명이 숨지고 일곱 명이 크게 다쳤다. 불은 공장을 다 태우고 근처 공장 건물로 옮겨 붙어 일부를 태운 뒤 3시간여만에 꺼졌다. 불은 직원들이 자고 있던 3층 방에서 시작되어 순식간에 건물 전체로 옮겨 붙었다.

한 직원이 난로를 켜놓고 잠을 자던 중 난로를 건드리면서 난로가 넘어졌고, 이불로 불이 옮겨 붙으면서 불이 난 것으로 추정하고 있다. 불이 난 방이 있는 3층에는 소화기도 구비되어 있지 않았고 신고도 늦게 한데다가 소방도로도 좁아서, 소방차가 진입하는 데 시간이 많이 걸리는 바람에 피해가 더 커졌다고 한다. 〈 OO신문 2007년 11월 12일 〉

1) 누가 이 사건을 일으켰습니까?

2) 언제 이 사건이 일어났습니까?

3) 어디에서 일어났습니까?

4) 무슨 일이 있었습니까?

5) 어떻게 되었습니까?

6) 왜 이 사건이 일어났습니까?

3 다음 보기 와 〈설문조사 결과〉를 참고하여 신문기사를 써 봅시다.

18세 이상 남녀 1,605명을 대상으로 설문조사 실시

| 행복의 조건 | 한국인의 의식 | 만족도 | 결혼 |
| 경제 | 학위 | 신뢰 | 종교 | 가족 | 여가 |

〈 설문조사 결과 〉

행복한 한국인의 7가지 조건	
①	젊어야 (한국은 30대 만족도가 가장 높음. 유럽은 30대가 가장 낮음)
②	남보다 잘 산다고 느껴야 (스스로의 가계경제 만족도는 비슷)
③	많이 배워야 (학위와 만족도는 비례)
④	남과 사회에 대한 신뢰감이 높아야 (신뢰가 높으면 경제도 발전)
⑤	종교 행사에 자주 가야 (종교의 종류보다 출석 빈도가 중요)
⑥	가족과 여가를 중시해야 (돈을 최고 가치로 여기는 사람의 만족도는 낮음)
⑦	결혼하나 안 하나 행복과는 무관 (유럽은 기혼자가 더 행복)

1 다음 글을 읽고 밑줄 친 부분에 알맞은 말을 써 봅시다.

최근 중·고등학생들을 중심으로 설문조사한 결과에 따르면 이전에는 한 시간의 인터넷 사용으로 충분히 ________________ 지만, 지금은 한 시간으로는 만족하지 못하고 더 많은 시간을 사용하고 더 자극적인 내용에 접근해야 만족을 얻는 경우가 많은 것으로 ________________. 인터넷을 몇 시간이라도 사용하지 못하면 불안해하거나 초조해하고, 이러한 결과로 학업 성적이 떨어지는 등 일상생활의 장애가 발생하여 큰 사회문제가 되고 있는 실정이다.

2 다음 중 잘못된 곳을 찾아 번호를 쓰고, 바른 문장으로 고쳐 쓰십시오.

지난 9월 2일 오전 11시 54분쯤 전남 호남고속도로 호남터널 하행선에서 차량 연쇄 충돌 사고가 일어나 ①1명이 사망하고 4명이 부상을 당했다. 이날 연쇄 충돌을 일으킨 차량은 10대로, 호남 터널은 한 동안 ②심한 혼잡이 빚어졌다고 한다. ③경찰 조사에 따르면 터널 출구 20m 부근에서 맨 앞 차의 브레이크가 고장을 일으켜 급정거하는 바람에 뒤따라오던 차들이 연달아 들이 받으면서 ④사고가 발생한 적이 있는 것으로 드러났다.

1 다음 신문기사 내용을 간단하게 요약해 봅시다.

1)

> 요즘 집안에서 혼자 온라인 쇼핑을 즐기는 '나홀로족'이 크게 늘어나고 있다. 최근 설문조사에 따르면 직장인 2명 중 1명이 자신을 '나홀로족'이라고 생각하는 것으로 나타났으며, 이들이 가장 많이 하는 것은 쇼핑(44%)이라는 결과가 나왔다. 이에 따라 요즘 각 온라인 쇼핑몰에서는 간식, 운동기구, 도서 등 다양한 상품들과, 두 발로 걷고 춤도 추고 물건도 잡을 수 있는 로봇, 사이버 강아지 등의 상품으로 이들을 유혹하고 있다. 한 오락 프로그램에 나와 화제가 됐던 '말하는 앵무새(12,800원)'는 전원을 켜면 최근 3초간의 소리를 2번 반복한다. 심심할 때 같이 놀아줄 만한 친구이다. 말하는 액자(12,000원)는 좋아하는 음악, 오늘 나의 기분, 잊지 말아야 할 중요한 약속 등을 10초 동안 녹음할 수 있는 액자다. 나의 목소리로 꼭 나에게 하고 싶었던 말을 녹음해 두고 다음날 듣는 기분도 색다를 것이다. 〈 OO신문 2007년 7월 4일 〉

2)

> 신세대들의 색다른 문화나 특이한 생각들이 엽기적인 사건으로 연결되거나 사회 관심의 대상이 되는 것은 한국 사회만의 현상은 아니다. 최근 일본 사회에서 큰 관심을 끌고 있는 것은 신세대들의 '외톨이' 경향이다. 이른바 '히키코모리'라는 사회나 조직에 적응을 못하는 사람들에 대한 걱정이 그것이다. '히키코모리'란 일본어인데, 방안에만 틀어박혀 외부 세계와 교류하지 않은 채 숨어 지내는 사람을 가리키는 용어이다. 최근 조사에 따르면 6개월 이상 외부 세계와 연락을 끊고 자신만의 세계에 틀어박혀 살고 있는 '히키코모리'의 수는 일본 내에만 수십만 명에 이르는 것으로 나타났다. 처음에는 10대가 대부분이었는데 최근 조사에 따르면 20~30대로까지 크게 늘어나 이들의 사회부적응이 사회 범죄로 이어질 가능성도 높다는 걱정의 소리가 높아지고 있다.
> 〈 OO신문 2005년 6월 29일 〉

---

2 다음 질문에 대한 답을 써 봅시다.

1) '나홀로족'에 대한 자신의 의견을 쓰십시오.

2) '히키코모리'가 점점 늘어나는 이유는 무엇일까요?

3) 현대인의 고독감과 우울함을 극복할 수 있는 방법을 써 보십시오.

 의 두 가지 기사 내용을 잘 조합하여 한 편의 신문기사를 만들어 봅시다.

○ 표제 :

나오기

1 자신이 쓴 신문기사를 발표해 봅시다.

2 신문기사에 대한 서로의 의견을 말해 봅시다.

3 최근의 신문기사 중에서 흥미로운 기사 내용에 대해 이야기해 봅시다.

제
4과
인용하여 글쓰기

관용어 활용하기
속담 인용하기
자료 활용하기

관용어 활용하기

1. 관용어를 사용하여 글을 쓸 수 있다.
2. 한국어의 다양한 관용어의 의미를 알 수 있다.

들어가기

※ 다음 글을 읽어 봅시다.

> 옛날의 학교 졸업식의 광경은 경건했다. 학교를 떠나는 섭섭함에 졸업식 노래를 부르며 눈물짓고, 선생님과 작별인사를 한 후 가족과 함께 졸업 축하로 외식을 했다.
>
> 그런데 요즈음 한국의 여중생 졸업식에는 낯 뜨거운 광경이 많이 나타나고 있다. 졸업생끼리 졸업을 축하한다는 의미에서 밀가루를 뿌리거나 계란을 던지기도 하고 심지어 옷까지 찢기도 한다. 이런 광경이 부모들 마음에 들지 않는 것은 당연하다. 하지만 자식들에게 귀에 못이 박히도록 얘기해도 듣지 않는다. 요즈음 학생들은 단순하고 재미없는 졸업식을 견디지 못해 그렇게 한다고 한다. 이런 학생들의 이야기가 뉴스로 방영되면, 자식을 가진 부모들은 애가 탄다. 그런 학생들 속에 혹 자기의 자식들이 들어 있지 않나 걱정이 앞선다.
>
> 어떻게 하면 무분별한 졸업식이 아닌 의미있는 졸업식이 이루어지게 할까 하는 고민 때문에 부모들과 선생님들의 어깨가 무겁다.

1) 줄 친 부분의 의미를 간략히 설명해 봅시다.

2) 여러분 나라에서는 줄친 부분과 같은 표현이 있는지 이야기해 봅시다.

1 다음 관용어를 익혀 봅시다.

입

입이 무겁다 : 말수가 적고 다른 사람의 비밀을 잘 지켜주다.
입이 심심하다 : 무엇을 먹고 싶다.
입이 떨어지지 않다 : 말을 하기가 어렵다.

애

애를 먹다 : 고생을 많이 하다.
애가 타다 : 몹시 걱정되어 속이 타는 듯하다.
애(를) 쓰다 : 마음과 힘을 다하여 힘쓰다.

손 발

손을 잡다 : 서로 도와 가며 일하다.
발목을 잡다 : 머물러 있게 하거나 어떤 일을 못하게 하다.
손발(이) 맞다 : 일을 할 때 생각이나 행동이 다른 사람과 일치하다.

눈

눈에 띄다 : 두드러지게 드러나다, 발견되다.
눈을 뜨고 볼 수 없다 : 매우 끔찍하거나 부끄러워서 볼 수가 없다.
* 색안경을 끼다 : 편견을 가지다

귀

귀가 얇다 : 주관이 없어서 다른 사람의 말에 생각이 잘 변하다.
귀에 못이 박히다 : 듣기 싫을 정도로 같은 말을 여러 번 듣다.
귀에 거슬리다 : 듣기가 좋지 않다.

가슴

가슴이 뜨끔하다 : 나쁜 일이나 비밀을 들켰을 때 미안함을 느끼다.
가슴이 내려앉다 : 몹시 걱정이 되고 놀라다.

간

간이 떨어지다 : 몹시 놀라다.
간이 크다 : 무서움을 모르다.
간에 기별도 안 가다 : 먹은 것이 너무 적어 먹은 느낌이 없다.

마음

마음을 먹다 : 어떠한 생각이나 행동을 하려고 결심하다.
마음을 놓다 : 안심하다, 마음을 편안하게 하다.

다음의 문장을 읽고 밑줄 친 부분에 알맞은 관용어를 써 봅시다.

㉮ 승우 씨는 출퇴근 시간에 지하철을 타느라고 정말 ___________________________.

㉯ 유학 간 친구에게서 전화가 오기를 __________________게 기다리고 있는데 아직까지 연락이 없어요.

㉰ 성적이 A+라는 소리를 듣고 나니 __________________.

㉱ 여자들이 담배를 피우면 __________________고 보는 사람들이 많아요.

㉲ 엄마한테 영화관에 있으면서 도서관에 있다고 거짓말 하려니 ________________.

㉳ 민호는 철수에게 시끄러우니까 조용히 해 달라고 ___________________ 정도로 얘기했지만 철수는 눈도 깜짝 안 했다.

㉴ 나는 __________________아서, 남의 말을 잘 듣는다.

㉵ 옆집 아저씨가 복권 1등에 당첨되어서 __________________.

㉶ 마이클 씨는 __________________ 밤길을 잘 다닌다.

㉷ 배가 고플 때면 컵라면 한 개 정도는 __________________.

㉸ 두 사람은 일을 할 때 __________________ 아주 많은 일을 해낸다.

㉹ 아버지는 어제 밤에 __________________다고 하시면서 야식을 시켜 드셨다.

㉺ 그 사람의 농담이 오늘따라 __________________.

㉻ 남자친구와 싸운 후로 다시는 싸우지 않겠다고 __________________.

1)

여자 친구와 '식객'이라는 한국영화를 봤다. 주말이라 <u>표를 구하기가 아주 힘들었다.</u> 배우들의 연기도 뛰어났지만, 지금까지는 본 적이 없는 화려한 한국의 전통 요리들이 많이 나와 인상적이었다.

___

2)

얼마 전에 친구가 나에게 다급하게 돈을 빌려달라고 부탁했다. 무슨 일인지 잘 모르겠지만 큰 일이 생긴 것 같아서 내 지갑에 있던 5만원을 빌려 주었다. 하지만, 하루가 지나고 이틀이 지나도 친구는 돈을 갚을 생각이 없어 보였다. 한 달이 지난 어느 날 나는 안되겠다 싶어 친구에게 전화를 걸어서 돈을 달라고 얘기하려고 했지만, 친구의 목소리를 듣는 순간 <u>그 말을 꺼내기가 너무 어려워서</u> 결국 다른 얘기만 하다가 전화를 끊었다.

___

3)

나는 어릴 때부터 부모님에게서 공부하라는 소리를 매일 <u>듣기 싫을 정도로 들었다.</u> 그렇지만 그런 말을 들을수록 난 공부가 하기 싫어진다는 사실을 부모님은 모르셨던 것 같다. 나는 사실 공부보다 음악을 좋아하는데 부모님은 내가 음악을 듣거나 악기를 연주하는 걸 보면 공부는 안 하고 놀기만 한다고 역정을 내셨다. 어릴 때는 그런 부모님을 원망했지만 지금은 부모님의 마음을 조금은 이해할 수 있을 것 같다.

___

 다음에 제시된 관용어를 사용하여 간단한 글을 써 봅시다.

1) 입이 무겁다

2) 귀가 얇다

3) 

1 밑줄 친 부분과 의미가 같은 것을 고르십시오.

1) 건강이 안 좋아서 오늘부터 담배를 끊기로 <u>마음먹었습니다.</u>

① 알렸습니다.   ② 후회했습니다.

③ 결심했습니다.   ④ 깨달았습니다.

2) 한국에 처음 왔을 때 말이 안 통해서 <u>애를 먹었습니다.</u>

① 마음이 아팠습니다.   ② 많이 슬펐습니다.

③ 고생을 했습니다.   ④ 노력을 했습니다.

3) 이 일은 아무리 <u>애를 써도</u> 안 될 것 같으니 포기합시다.

① 급해도   ② 원해도

③ 노력해도   ④ 화를 내도

2 다음 밑줄 친 부분에 들어갈 말을 고르십시오.

> 가 : 저 사람, 돈이 아주 많은 사람 같아요.
> 나 : 처음 보는 사람인데 어떻게 알아요?
> 가 : ________________________

① 속이 숯덩이 같아요.   ② 수박 겉핥기예요.

③ 척하면 삼척이잖아요.   ④ 이미 시위를 떠난 화살이잖아요.

1 여러분은 다음과 같은 경험을 한 적이 있습니까? 있으면 V표 하십시오.

- 어머니, 아버지의 지갑에서 몰래 돈을 꺼내다가 들킨 적이 있다. (　　)
- 나 때문에 친구나 동생이 다른 사람에게 혼난 적이 있다. (　　)
- 다른 사람 때문에 억울한 일을 당했지만 사실대로 말을 못한 적이 있다. (　　)
- 다른 사람들이 눈치를 보고 있을 때 내가 먼저 이야기한 적이 있다. (　　)
- 나에 대해 편견을 가지고 있는 사람 때문에 힘든 적이 있다. (　　)
- 기타 : ____

1) 위의 일 중에서 가장 기억에 남는 일은 무엇입니까?

2) 그 일을 당했을 때의 기분이나 느낌이 어땠습니까?

3) 다시 그때로 돌아간다면 어떻게 하겠습니까?

 앞의 내용을 바탕으로 관용어를 사용하여 한 편의 글을 써 봅시다.

○ 제목 :

나오기

1 자신이 쓴 이야기를 발표해 봅시다.

2 여러분 나라에도 한국의 관용어와 비슷한 것이 있습니까? 서로 이야기해 봅시다.

속담 인용하기

1. 한국어 속담에 담긴 뜻을 안다.
2. 속담을 적절히 인용하여 글을 쓸 수 있다.

들어가기

※ 다음 대화를 읽어 봅시다.

민 영 : 민수 씨, 이사한 집은 어때요? 예전 집보다 좋아요?

진 수 : 네, 교통도 편리하고 집도 밝아서 좋긴 한데…….

민 영 : 왜요? 무슨 문제라도 있어요?

진 수 : 월세는 싼데 관리비가 20만원이고, 주차비도 별도로 내야 해서 지출이 심해요.

민 영 : 정말요? ㉠배보다 배꼽이 크네요.

진 수 : 그러게요. 다음부터는 관리비도 생각해서 이사를 해야겠어요.

1) ㉠의 '배보다 배꼽이 크다' 는 무슨 의미입니까?

2) 여러분 나라에서 '~보다 ~이 더 크다.' 의 뜻을 가진 속담에는 어떤 것이 있습니까?

1 다음은 말과 관련된 속담입니다. 상황에 맞는 것을 보기 에서 고르십시오.

보기
⊙ 가는 말이 고와야 오는 말이 곱다.
ⓒ 발 없는 말이 천 리 간다.
ⓒ 낮말은 새가 듣고 밤말은 쥐가 듣는다.
ⓒ 말 한마디에 천 냥 빚을 갚는다.

1) 내가 이번 달에 결혼한다는 사실을 캐나다에 있는 마이클 씨도 알고 있었다. (   )

2) 아무도 안 듣는 데서라도 말을 조심해야 한다. (   )

3) 사장님께 말씀을 잘 드렸더니 부탁을 들어주셨다. (   )

4) 친구에게 말투가 귀에 거슬린다고 했더니, 내가 먼저 나쁜 말투를 사용했기 때문이란다.

(   )

2 보기 에서 알맞은 말을 골라 다음 속담을 완성하십시오.

보기
개구리   원숭이   돼지   강아지   호랑이   토끼   닭   소

1) 하룻___________ 범 무서운 줄 모른다.

2) 우물 안 ___________

3) ___________ 잃고 외양간 고친다.

4) ___________도 나무에서 떨어진다.

5) ___________도 제 말하면 온다.

3 밑줄 친 부분에 보기 의 속담을 넣어 문장을 완성해 봅시다.

보기

- 믿는 도끼에 발등 찍힌다
- 식은 죽 먹기
- 병 주고 약 준다
- 작은 고추가 맵다
- 티끌 모아 태산
- 등잔 밑이 어둡다
- 금강산도 식후경
- 울며 겨자 먹기
- 하늘의 별 따기
- 세 살 적 버릇 여든까지 간다
- 말이 씨가 된다
- 걱정도 팔자다
- 싼 게 비지떡
- 가는 날이 장날이다

1) **가** : 이 서류를 내일까지 영어로 번역해야 하는데 할 수 있어요?

   나 : 물론이지요. 이 정도 번역은 나에게 _________________________.

2) **가** : 철수가 조금 전에는 나에게 화를 내더니 지금은 미안하다고 커피를 사 주더라.

   나 : 철수는 항상 그래. _________________________니까.

3) **가** : 방송국에 취직했어요?

   나 : 아니요, 방송국에 취직하기는 _________________________만큼 어려워요.

4) **가** : 목욕탕에 간다고 하더니 왜 그냥 왔어요?

   나 : _________________________이라고 오늘이 정기 휴일이래요.

5) **가** : 돈이 모자라 좀 싼 것을 샀더니 한 달도 못 쓰고 고장이 났네.

   나 : 그러니까 _________________________(이)라고 하잖아.

6) **가** : 오후 2시가 넘었잖아. 할 공부가 아무리 많다고 하더라도 우리 밥 먹고 공부하자.

   나 : 그래, 그러자. _________________________(이)라는데.

7) **가** : 난 높은 빌딩만 보면 겁이 나. 언제 무너질지 모르잖아.

   나 : 참 _________________________. 전 세계에 높은 빌딩이 얼마나 많은데.

8) **가** : 미선 씨에게 50만원 빌려줬다면서요.

   나 : 네. 한 달 후에 꼭 갚는다고 해서 빌려줬어요.

   가 : 그 사람, 저번에도 다른 사람에게 빌린 돈 아직 안 갚았다던데요.

   _________________________던데…….

 다음 속담에 맞게 이어질 문장을 만들어 봅시다.

1) 울며 겨자 먹기

민수는 머리를 계속 기르고 싶었다. 하지만 어머니가 꾸중하셔서 **울며 겨자 먹기**로

____ .

2) 가는 말이 고와야 오는 말이 곱다.

물건을 바꾸려고 가게에 갔는데 가게 점원이 말을 너무 불친절하게 했다. **가는 말이**

고와야 오는 말이 곱다고 나도 그만 __________________________ .

3) 등잔 밑이 어둡다.

어제 하루 종일 손목시계를 찾았다. 분명히 책상 위에 두었는데 아무리 찾아도 없었

다. 그런데 **등잔 밑이 어둡다**고 온 집안을 찾아도 없던 시계가 _______________ .

4) 티끌 모아 태산

나는 어릴 때부터 매일 500원씩 저축하는 습관을 가지고 있다. **티끌 모아 태산**이라고

500원은 아주 작은 돈이지만, 이것을 하루도 빠짐없이 모았더니 _______________ .

5) 우물 안 개구리

우물 안 개구리가 되지 않으려면 __________________________________

____ .

6) 믿는 도끼에 발등 찍힌다.

____

____ .

1 다음 대화 내용에 알맞은 속담을 쓰십시오.

1) **가** : 이렇게 좁은 곳에 자동차를 잘 세우셨네요.

   나 : 십 년쯤 운전하면 이 정도는 ____________________.

2) **가** : 우리 영화 보러 갑시다.

   나 : 좋아요. 그런데 우선 식사부터 하고 가요. 전 지금 배가 너무 고파요.

   가 : 그래요. ____________________ 이라고 하는데 영화가 아무리 재미있어도 배가

   고프면 재미있겠어요?

2 다음 대화 중 밑줄 친 부분에 들어갈 수 있는 속담을 고르십시오.

> **민영** : 흐엉, 제냐는 왜 그렇게 인기가 많니? 남자들이 모두 그 애만 좋아하는 것 같
> 아. 남자들한테 너무 잘해 주는 것 같잖니?
>
> **흐엉** : 글쎄, 성격이 좋으니까 그런 거지. 어, 제냐가 저기 오네.
>
> **민영** : ____________________.

① 가뭄에 콩 나듯 한다더니.

② 호랑이도 제 말하면 온다더니.

③ 낫 놓고 기역자도 모른다니까.

④ 길고 짧은 것은 대 봐야 알지.

쓰기 2

1 다음 글을 읽고 보기 의 단어를 사용하여 뒤에 이어질 글을 써 봅시다.

보기
품질　가격　고려　비교　적합　합리적　계획적 소비

　　물건을 살 때 값이 너무 싸다면 한 번쯤 의심해 볼 필요가 있다. 한국 속담 중에 '싼 게 비지떡' 이라는 말이 있는데, 이는 값싼 물건 치고 좋은 것이 없음을 뜻하는 말이다. 싸게 산 물건은 쉽게 고장이 나는 경우가 많아 결과적으로 돈만 허비하는 결과가 된다.

　　거리에서 파는 카세트 테이프나 지하철에서 파는 각종 물건들을 싼 맛에 샀다가 제대로 써 보지도 못하고 버리게 된 경험은 누구나 한 번쯤 가지고 있을 것이다.

　　하지만 무조건 비싼 물건을 선호하는 것도 문제이다.

　　물건을 살 때는 ________________________________

____

____

____

____

____

____

____

____

____

2 다음 질문에 답하십시오.

1) 여러분이 자주 사용하는 한국 속담은 무엇입니까?

2) 한국 사람들은 그 속담을 주로 어떤 상황에 사용합니까?

3) 속담과 관련된 개인적인 경험이나 기사를 찾아서 간략히 써 봅시다.

4) 그 속담이 주는 교훈은 무엇입니까?

○ 제목 :

1 자신이 쓴 이야기를 발표해 봅시다.

2 여러분 나라의 속담과 같거나 다른 것을 찾아 이야기해 봅시다.

자료 활용하기

1. 글을 쓰기 위한 자료를 찾을 수 있다.
2. 필요한 자료를 활용하여 글을 쓸 수 있다.

들어가기

※ 다음 글을 읽고 질문에 답해 봅시다.

〈 휴대폰 중독 현상 〉

　요즈음 휴대폰이 없는 사람은 찾아볼 수 없다. 그런데 문제는 휴대폰이 옆에 없으면 불안해서 견딜 수 없는 휴대폰 중독 환자가 늘어나고 있다는 점이다.

　국립 서울 정신병원의 강혜민 의사에 의하면 '휴대폰 중독증 환자' 는 앞으로 더욱 늘어날 것이라고 한다. 사람들은 자신만 소외된다는 생각으로 휴대폰을 이용해 누군가와 연결하려고 하고, 결국 심하게 휴대폰에 집착을 해서 노이로제나 피해망상증 같은 병이 일어날 수 있다고 한다. 뿐만 아니라 인내심을 잃거나 성격이 급해지는 등의 성격 장애가 올 수도 있다고 한다. 그래서 만일 자가 점검을 통해 휴대폰 중독 현상이 심하게 나타나는 사람은 상담을 받을 필요가 있다고 한다.

〈휴대폰 중독 현상 자가 진단법〉

1. 휴대폰이 손에 없으면 불안하다
2. 휴대폰이 울리지 않으면 전화기를 점검한다.
3. 다른 사람의 벨소리를 자신의 벨소리로 착각한다.
4. 화장실 갈 때나 샤워할 때도 휴대폰을 가지고 들어간다.
5. 길거리를 걸어갈 때 손에 들고 다니거나 목에 휴대폰을 걸고 다닌다.

⇒ **이 중 3개 이상이 자신에게 해당되면 중독 현상이 있다고 볼 수 있다.**

1) 여러분의 휴대폰 사용 현상은 어떻습니까?

2) 왜 이러한 휴대폰 중독 현상이 생기는 것일까요?

쓰기 1

1 다음은 한국의 성인 여성과 남성들이 외출을 하기 위해 소비하는 시간을 조사한 것입니다. 자신의 소비 시간과 비교해 봅시다.

여성	샤워(23분) 샤워 후 몸 손질(7분) 머리 손질(20분) 화장(15분) 옷 고르고 입기(10분)
남성	샤워(17분) 면도하기(10분) 머리 손질(10분) 옷 고르고 입기(5분)

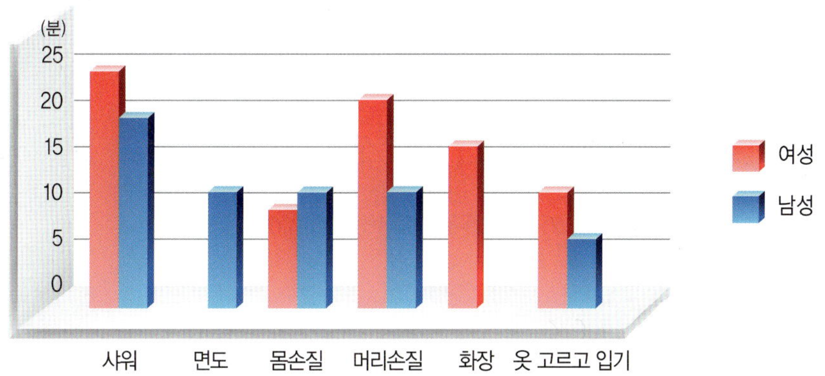

2 다음 밑줄 친 부분에 위의 내용을 간략히 써 봅시다.

이 표는 ________________ 을/를 대상으로 ________________________

을 조사한 것이다. 그 결과 여성들의 외출 준비 시간은 대부분 ________________

(이)라는 사실을 알 수 있다. 외출 준비 항목에서 남성들에 비해 여성에게 필요 없는 시

간은 ________________ 이었다. 가끔 여성도 다리 등을 면도하지만 이는 외출

전에 하는 것이 아니라 목욕할 때 하는 것으로 나타났다.

여성에 비해 남성은 ________________________________

____

____

____

____

 다음의 표현을 사용하여 문장을 완성해 봅시다.

1)

___________ 에 의하면(-에 따르면) _________________고 한다.

- 전문가 / 올해 출산율이 급격히 떨어졌다.

____

- 신문기사 / 내년부터 대학입시제도에 변화가 있다.

____

2)

___________________ (으)로 인한 ((으)로 인해) ____________________.

- 여성 취업률의 증가 / 사회구조의 변화가 일어나고 있다.

____

- 한류열풍 / 한국어와 한국문화에 관심을 가지는 외국인이 늘고 있는 추세이다.

____

3)

______은/는 __________ 이/가 __________________을/를 차지했다.

- 금주의 시청률 / '불만제로' / 1위

____

- 결혼의 조건 / 배우자의 외모 / 35%

____

4)

| | 은/는 | (으)ㄹ 것으로 보인다(예상된다). |

- 이번 월드컵 / 한국 대표팀 / 참가

- 앞으로 / 한국 영화 시장 / 세계무대 / 펼치다

5)

| | 은/는 | 것으로 밝혀졌다(드러났다, 나타났다). |

- 교통사고의 주요 원인 / 음주운전이다

- 한국의 회사 / 다른 선진국 / 근무시간이 길다 / 월급은 적다

 다음의 글을 읽고 밑줄 친 부분에 알맞은 말을 쓰십시오.

1)

결혼 연령이 점점 높아지고 있다. 한 결혼 정보 회사가 전국의 미혼 남녀 2,000명을 대상으로 조사한 결과에 ___________ 20대의 결혼율은 10년 전 결과와 비교해서 절반으로 감소한 반면 30~35세의 결혼율은 15%나 ___________고 한다. 이처럼 결혼연령이 늦어지는 이유로 49.6%가 '적당한 상대를 만나지 못해서'라고 ___________. 다음으로 '결혼 자금이 부족해서'라는 대답이 그 뒤를 이었다. 이러한 결과로 ___________ 결혼에 대한 인식이 바뀌어 가고 있음을 알 수 있다.

2)

2004년 한 연구 조사___________ 세계인들의 월 평균 휴대폰 사용 시간은 평균 289분이지만, 나라마다 사람들이 사용하는 휴대폰 사용 시간은 다음 표처럼 모두 달랐다.

미국	홍콩	코스타리카	한국	캐나다	이스라엘	인도	핀란드	싱가포르
474	350	286	281	265	254	249	224	219

이 표를 ___________ 상대적으로 휴대폰 보급률이 매우 높고 선진화된 시장인 한국, 캐나다, 이스라엘 등의 휴대폰 사용 시간이 다른나라___________ 긴 것으로 ___________.

그런데 통계에서 보듯이 코스타리카의 휴대폰 사용 시간이 세계 3위로 ___________ 있는데, 이러한 ___________은/는 이 나라의 싼 휴대폰 요금___________. 현재 코스타리카의 휴대폰 분당 사용 요금은 0.098달러인데, 이는 중미 국가 중 가장 싼 요금이다.

1 다음 글은 무엇에 대해 경고하는 글입니까? 쓰십시오.

> 세계보건기구(WHO)는 올해의 주제를 '간접흡연은 살인행위'로 정했다. 물론 간접흡연은 직접 흡연의 경우에 비해 그 피해 정도가 비교적 낮다. 그러나 흡연자의 배우자나 그 가족들은 간접흡연으로 인해 암에 걸릴 확률이 50%나 된다고 한다. 이제 애연가들은 담배를 피울 때 가장 가까운 사람에게 피해를 준다는 것을 인식하고 주의해야 할 것이다.

---

2 다음 글은 자료를 활용하여 쓴 글이다. 밑줄 친 부분에 알맞은 말을 써 봅시다.

> 평생직장의 개념이 사라지면서 회사원들이 직장을 옮기는 비율이 예년에 비해 높게 나타나고 있다. 직장인들이 회사를 옮기는 이유로는 현재의 일에서 직업적 성공을 ㉠_______________는 대답이 58.8%로 가장 많았고, 그 뒤를 이어 경제적으로 ㉡_______________는 대답이 23.5%, 직무에 대한 불만족이 11.8%, 자기 계발·학습 기회 부족이 5.9%인 것으로 나타났다. 이에 대기업들은 유능한 직원들이 회사를 옮기지 않도록 하기 위해 능력에 맞는 대우, 승진 기회 확대, 성과급 지급 및 학원비 지급 등 여러 가지 노력을 하고 있다. 최근 한 연구소가 국내 61개 대기업을 대상으로 조사한 ㉢_______________ 우수 인력 관리 프로그램을 운영 중인 회사가 61.5%나 되는 것으로 밝혀졌다.

㉠

㉡

㉢

 다음 밑줄 친 부분에 알맞은 말을 써 넣으십시오.

나라닷컴이 올해 12월 5일부터 8일까지 20대부터 50대 남녀고객 4,681명을 대상으로 설문조사를 실시한 결과, 응답자 36.4%가 '크리스마스카드를 휴대폰 문자로 보내겠다.'로 대답해 가장 많았고, '카드를 직접 써서 보낸다.(22.5%)', '이메일카드로 보낸다.(19.8%)', '보내지 않는다.(13.8%)' 등으로 대답했다. 특히 20대 응답자는 '친필카드로 직접 보낸다.(29.6%)'라는 대답이 가장 많은 반면에, 50대 응답자는 '휴대폰 문자로 보낸다.(44.1%)'라는 대답이 가장 많았다. 특정일을 기념하는 메시지의 경우에 있어 젊은 세대에 비해 오히려 __________

____

____

 다음 글을 읽고, 아래 밑줄 친 부분에 알맞은 말을 써 넣으십시오.

동물들도 생각을 하고 결정을 내릴 수 있는가에 대한 해답을 찾기 위해 과학자들은 몇 년 동안 노력해 왔다. 어떤 동물들은 지능이 있고 새로운 사실을 이해하기도 하고, 결정을 내리고 어떤 일을 계획할 수도 있다는 것이다. 몇 개월 전에 과학자들은 오렌지를 땅속에 묻었는데, 침팬지 중 한 마리가 그 사실을 알고 나중에 혼자 몰래 파먹는 것을 보았다. 그 침팬지는 다른 침팬지들을 속인 것이다. 또 문어를 대상으로 한 실험에서 먹이를 구하는 다른 문어의 행동을 본 문어는 먹이를 얻을 수 있는 지식을 습득해서 그대로 따라한다는 것을 알게 되었다.

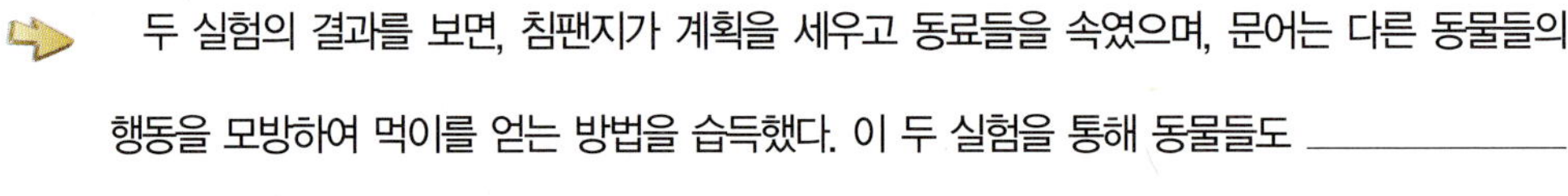

두 실험의 결과를 보면, 침팬지가 계획을 세우고 동료들을 속였으며, 문어는 다른 동물들의 행동을 모방하여 먹이를 얻는 방법을 습득했다. 이 두 실험을 통해 동물들도 __________

____

1 다음의 자료를 보고 한국 초등학생의 식습관에 관한 글을 완성하십시오.

〈 초등학생의 식습관 〉

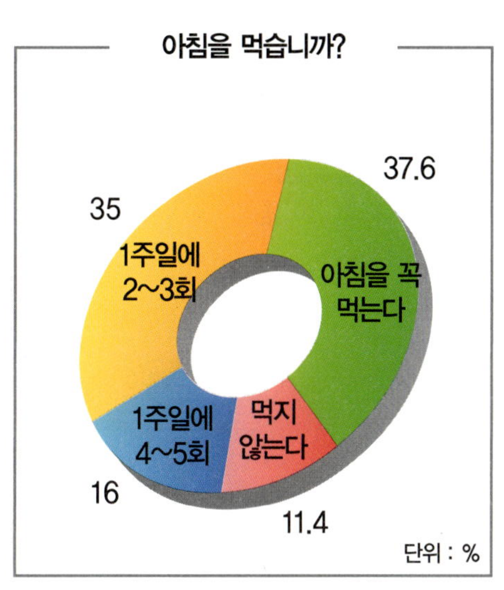

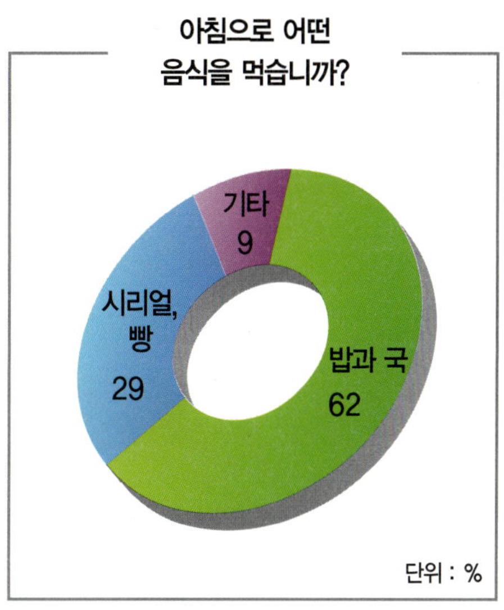

한국의 초등학생 10명 중 3명 이상이 비만인 것으로 조사되었다. 서울시가 1998년부터 2008년까지 매년 초등학교 학생 2,000 명의 건강 기록을 분석한 내용에 따르면, 체중이 정상보다 20% 이상 많이 나가는 비만 아동의 비율이 10년 동안 2.8배 늘어났다고 한다. 불규칙하고 균형 잡히지 않은 식습관으로 인해서 급격하게 아동 비만이 증가하게 된 것이다.

조사 결과에 따르면 아침을 꼭 먹는 초등학생은 ________________________

____

____

____

____

____

____

2 다음 도표를 참고로 하여 '인터넷 상거래 상황'에 관한 글을 써 보십시오.

(%)
80.0
70.0
60.0
50.0
40.0
30.0
20.0
10.0
0.0
여성
남성
32.8 34.2
69.8
54.5
49.9
16.5
45.6
62.6
15.8 17.4
도서/잡지/신문
의류/신발/스포츠
화장품/액세서리
음악
가전/전자 제품

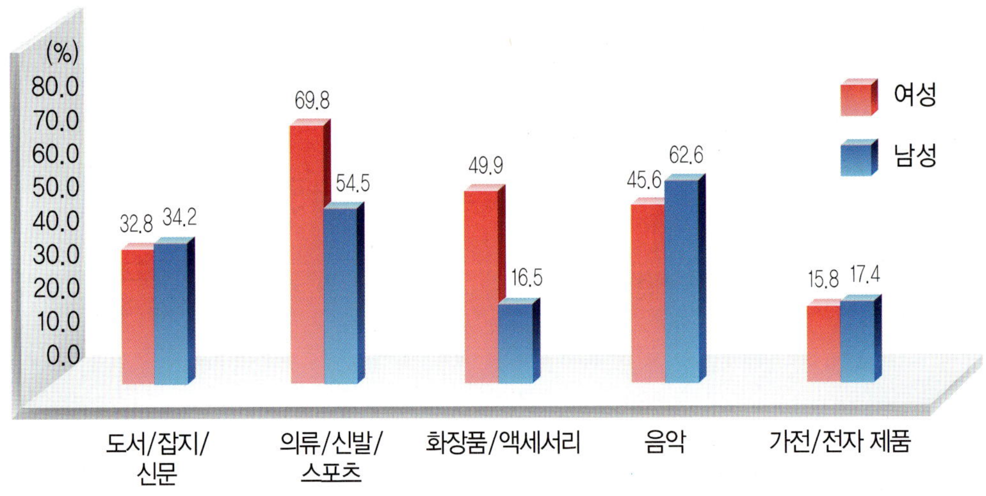

○ 인터넷 상거래 상황

1   자신이 쓴 이야기를 발표해 봅시다.

2   재미있는 주제로 우리 반 친구들을 대상으로 설문조사를 해 봅시다.

- **가지 많은 나무에 바람 잘 날이 없다.**

  ⇒ 자식을 많이 둔 부모에게는 걱정이 끊일 때가 없다는 말

- **내리사랑은 있어도 치사랑은 없다.**

  ⇒ 손윗사람이 아랫사람을 사랑하는 마음은 있어도 아랫사람이 손윗사람을 사랑하는
  마음은 별로 없다는 뜻.

- **부모 말을 들으면 자다가도 떡이 생긴다.**

  ⇒ 부모의 말을 잘 듣고 순종하면 좋은 일이 생긴다는 말.

- **부모가 온 효자 되어야 자식이 반 효자**

  ⇒ 부모가 착해야 자식도 부모를 따라 착한 사람이 된다는 뜻. 윗사람이 잘 해야 아랫사
  람도 잘한다는 뜻.

- **피는 물보다 진하다.**

  ⇒ 형제간의 정이 일반 사람의 정보다 훨씬 더 크다는 뜻. 가족이 이웃보다 낫다는 뜻.

- **병신자식 효도한다.**

  ⇒ 보기에 신통치 않았던 자식이 부모에게 더 효도한다는 뜻. 또는 대단치 않게 여기던
  사람이 도리어 기특한 일을 한다는 뜻.

- **부모 명 잘 받드는 사람이 나라도 잘 받든다.**

  ⇒ 부모를 위하고 가족과 고향을 사랑할 줄 아는 사람이라야 나라에도 충성을 할 수 있
  다는 말.

- **나귀는 주인만 섬긴다.**

  ⇒ 보잘 것 없는 미물도 지조는 지킨다는 뜻.

제
5과
주장을 위한 글쓰기

◆ 의견 주장하기
◆ 근거 제시하기
◆ 토론을 위한 글쓰기

의견 주장하기

1. 문제점에 대한 해결 방법을 메모할 수 있다.
2. 다른 사람을 설득할 수 있는 글을 쓸 수 있다.

들어가기

1 다음 신문기사를 읽어 봅시다.

컴퓨터에 빠져 사는 아이

부산시 남천동에 사는 ㉠주부 한영선(36) 씨는 아이의 겨울방학을 앞두고 고민에 빠졌다. 초등학생 아들 정현이가 방학 내내 컴퓨터만 붙잡고 있을 게 뻔하기 때문이다. 한 씨는 3, 4년 전 정현이가 고사리 손으로 마우스를 쥐고 컴퓨터를 처음 시작했을 때만 해도 아이를 대견하게 여겼다.

"컴퓨터나 인터넷 사용이 지능 개발에 좋다고 생각했죠. 어려서부터 정보통신 쪽에 소질이 있다고 생각도 했습니다."

하지만 한 씨는 요즘 학교에서 돌아오자마자 컴퓨터 전원부터 켜는 아들이 조금씩 걱정된다고 말했다. 컴퓨터 게임이나 인터넷을 하는 시간이 늘면서 친구도 줄어드는 것 같고 음식도 컴퓨터를 하면서 먹으려고 떼를 쓸 때도 있어 한 씨의 고민은 더욱 깊어지고 있다.

야외 활동 시간이 짧아지는 겨울이라는 계절적 특성에 방학까지 겹쳐 이 시기에 비슷한 고민을 하는 ㉡학부모가 늘고 있다.

〈 OO신문 2008년 9월 13일 〉

1) 이 기사는 어떤 문제를 다루고 있습니까?

____

2) ㉠과 ㉡의 공통적인 고민은 무엇입니까?

____

2 다음 글은 앞의 기사에 대한 해결 방법입니다.

스트레스 다양하게 풀게 해야

어려서부터 학습 부담에 시달리는 아이들에게 컴퓨터는 스트레스 해소책이다. 그러나 컴퓨터가 유일한 스트레스 해소 방법이 되면 게임이나 인터넷 중독으로 발전할 가능성이 높아진다. 따라서 부모는 자녀의 취미나 성향을 고려한 스트레스 극복 방법을 개발하기 위해 노력해야 한다. 운동과 산책, 음악이나 영화 감상 등 컴퓨터나 인터넷에 의존하지 않는 방법으로 자신의 스트레스를 스스로 관리할 수 있는 능력을 길러 줄 필요가 있다. 부모가 함께 할 수 있는 취미 활동이 아이의 스트레스 발산 통로가 되면 좋지만, 최종 선택은 아이에게 맡기는 것이 효과적이다.

1) 윗글에서 글쓴이가 주장하는 것을 한 문장으로 써 보십시오.

____

2) 글의 내용에 맞게 밑줄 친 부분에 알맞은 말을 쓰십시오.

- 아이들이 컴퓨터나 인터넷에 매달리는 것은 심각한 ______________ 에 그 원인이 있다고 할 수 있다.

- 컴퓨터를 계속하면, 게임 중독이 될 ______________ 이/가 있다.

- 문제를 해결하기 위해서는 부모의 ______________ 이/가 요구된다.

- 아이의 취미활동을 일방적으로 ______________ 기 보다 스스로 ______________ 할 수 있도록 하는 것이 바람직하다.

1 아래 글에서 주장하는 내용을 한 문장으로 써 봅시다.

1)

　아침 운동은 건강에 매우 좋다. 또, 아침 운동은 규칙적인 생활 습관뿐 아니라 부지런한 습관도 길러 준다. 나도 지난 여름방학 때부터 지금까지 아침 운동을 계속해 오고 있는데, 몸도 튼튼해지고 더욱 부지런해졌다는 칭찬을 듣는다.

2)

　우리는 하늘에서 뚝 떨어진 존재가 아니다. 부모님께서 힘들게 우리를 낳아 주시고 사랑으로 키워 주셨다. 우리가 병이 났을 때 가장 정성껏 돌봐 주시는 분도 부모님이다. 부모님은 우리가 올바르게 자랄 수 있도록 뒷바라지해 주시며 항상 걱정해 주신다.

3)

　'공든 탑이 무너지랴' 라는 속담이 있다. 무슨 일이든 공을 들여 정성껏 해 놓으면 실패할 리가 없다는 말이다. 공부도 마찬가지이다. 하루하루 미루지 말고 예습과 복습을 열심히 하면 노력의 대가를 반드시 얻을 수 있다.

각 주장을 뒷받침해 줄 수 있는 문장을 3개씩 써 봅시다.

- 텔레비전을 오래 보지 말자.

  - 시력이 나빠질 가능성이 높다.
  - 해야 할 일을 뒤로 미루기도 쉽다.
  - ___________________________________

- 남을 배려하는 생활을 하자.

  -
  -
  -

- 문화재를 보호하자.

  -
  -
  -

- 불법 다운로딩(down loading)을 하지 말자.

  -
  -
  -

※ 【1~2】 다음 글을 읽고 글쓴이의 중심 생각을 고르십시오.

1

소나무는 버릴 것이 없는 쓸모가 다양한 나무이다. 소나무는 집짓기에 으뜸가는 나무이며 가구를 짜거나 배를 만드는 데도 쓰이고, 종이를 만드는 펄프의 원료로도 쓰인다.

① 소나무는 집짓기에 부적합하다.
② 가구나 배는 소나무로 만들 수 있다.
③ 소나무 껍질로 종이를 만들어 사용한다.
④ 소나무는 여러 가지에 사용할 수 있는 나무다.

2

신용카드는 우리의 일상생활에서 아주 편리하게 사용된다. 주머니에 돈이 없어도 물건을 살 수 있게 된 것은 신용카드가 나온 후이다. 이런 이유 때문에 쉽게 물건을 사고 쉽게 값을 치르게 되어 낭비가 심해지게 되었다. 그렇다 하더라도 현금이 없어도 물건을 살 수 있고, 은행에서 돈을 빌릴 수 있는 신용카드를 요즘은 누구나 지갑에 한 장 이상씩은 반드시 가지고 다닌다.

① 신용카드로 물건을 많이 살 수 있다.
② 신용카드는 현대인의 필수품이 되었다.
③ 많은 사람들이 신용카드를 가지고 있다.
④ 신용카드를 가지고 있으면 낭비가 심하다.

3 다음 글을 한 문장으로 요약해 쓰십시오.

날씬해지기 위해서 칼로리가 낮은 음식을 찾는 사람들이 많다. 하지만 칼로리는 산소 없이 우리가 살 수 없는 것처럼 우리에게 꼭 필요한 것이다. 음식을 섭취하는 칼로리와 신체활동으로 소비하는 칼로리를 균등하게 맞추는 것만으로도 충분히 체중을 줄일 수 있다. 체중 조절을 위해 무조건 칼로리 섭취를 줄이기보다 칼로리 소비를 많이 하도록 해야 한다.

1 보기 처럼 제시된 단어에서 나올 수 있는 주장을 3개 정도 써 봅시다.

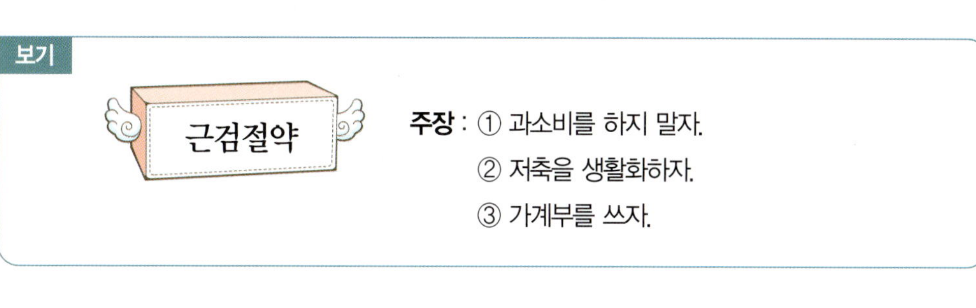

1)

➡ 주 장 :
____

____

____

2)

➡ 주 장 :
____

____

____

3)

➡ 주 장 :
____

____

____

1의 9개 주장 중 하나만 선택하여 다음 보기 처럼 중심 주장과 보조 주장을 써 봅시다.

보기

중심 주장   텔레비전을 오래 보지 말자.

보조 주장 1   오랫동안 텔레비전을 시청하면 시력이 나빠질 가능성이 높다.

보조 주장 2   시간을 효율적으로 사용하지 못하고 해야 할 일을 뒤로 미루기도 쉽다.

중심 주장 ___________________________

- 보조 주장 1 : ___________________________

- 보조 주장 2 : ___________________________

- 보조 주장 3 : ___________________________

3 **2** 에서 만든 중심 주장과 보조 주장을 넣어서 자기 의견을 써 봅시다.

○ 제목:

1 자신이 쓴 글을 발표한 뒤, 친구들의 의견을 들어봅시다.

2 주장을 뒷받침할 수 있는 근거로 어떤 것이 있는지 생각해 봅시다.

근거 제시하기

1. 주장에 대한 근거를 찾을 수 있다.
2. 근거를 논리적으로 제시할 수 있다.

들어가기

1 다음을 읽어 봅시다.

2 위와 같은 글을 '삼단논법'이라 한다. 여러분도 간단한 '삼단논법'을 만들어 봅시다.

1 다음 보기 처럼 '근거 제시와 결론' 으로 이어지는 간단한 글을 써 봅시다.

보기

모든 사람은 열심히 하면 성공할 수 있다.

정경화는 열심히 연습하여 바이올리니스트로 성공했다.

강수진도 잠도 제대로 자지 않고 열심히 연습해서 발레리나로 성공했다.

1학년 2학기 때 F를 두 개나 받은 내 친구 나샤도 2학년이 되어서 열심히 공부하더니 저번 학기 때 성적 장학금을 받았다.

그러므로 나도 잠을 줄이고 열심히 공부하면 이번 학기에 모두 A+를 받을 수 있을 것이다.

 다음은 모 대학교 학생들을 상대로 강의 시간 휴대폰 문자 사용과 전화 통화 경험을 조사한 것이다.

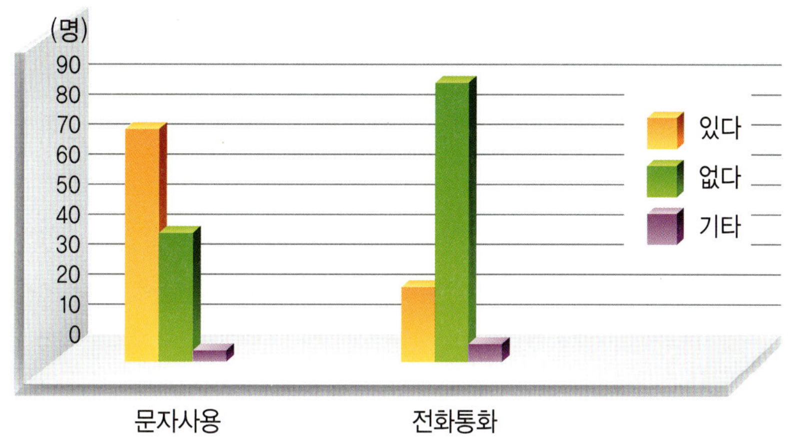

1) 조사 결과에 나타난 대학생들의 강의 시간 중 휴대폰 사용 실태는 어떻습니까? 표를 근거로 글을 써 봅시다.

  다음 말에 대한 찬성이나 반대의 의견 중 하나를 선택하고, 근거를 제시해 봅시다.

○ "아침을 꼭 먹어야 한다."

○ "장애인은 불행한 사람이다."

1 다음 글을 읽고 질문에 답해 보십시오.

> 다른 사람과 말을 할 때는 조심해야 한다. 왜냐하면 말이란 한번 입 밖으로 내면 절대로 다시 주워 담을 수 없기 때문이다. 특히 직장에서는 평소의 잘못된 말 습관이 대인 관계에 나쁜 영향을 끼칠 수 있다. 따라서 직장에서 말을 할 때는 자신의 의견은 분명하게 말하되 예의를 갖추어야 한다. 공손하게 말을 해야 상대방도 나의 말을 진지하게 받아들이기 때문이다. 그러기 위해서는 말하기 전에 무엇을, 어떻게 말할 것인가를 먼저 생각해 보는 습관을 기르는 것이 좋다.

1) 윗글의 제목을 만들어 보십시오.

2) 글쓴이가 강조하는 것은 무엇입니까?

① 상대방의 말을 잘 들어야 한다.
② 말을 될 수 있는 대로 적게 해야 한다.
③ 대인 관계가 나쁜 사람은 말을 많이 하는 사람이다.
④ 말을 할 때는 말하려는 내용과 방법을 미리 생각해야 한다.

2 다음 글에서 밑줄 친 부분에 적합한 말을 써 넣으십시오.

> 사람들은 모두 자기 몸이 다치지 않도록 신경을 쓰고 있다. 하지만 세상을 살다 보면 자신의 의지와 상관없이 사고를 당하여 다치는 경우가 있다. 그러나 평소에 운동을 열심히 한 사람은 사고를 당하더라도 운동을 하지 않은 사람보다 부상을 당할 확률이 낮고, 부상을 당하더라도 작은 부상으로 끝난다. 그러므로 ________________________.

1 '주류세 인상'에 찬성하는 글을 쓰려고 합니다. 다음의 글을 읽고 밑줄 친 곳에 알맞은 말을 넣어 글을 완성해 봅시다.

제목 : ______________________________

한국 사람들은 술을 매우 좋아한다. 스트레스가 쌓인다고 한 잔, 기분이 좋다고 한 잔, 이런 저런 핑계로 마시다 보면 자기도 모르는 사이에 술이 가장 가까운 벗이 되고 만다. 최근에는 한국인이 세계에서 네 번째로 독주를 많이 마신다는 조사 결과도 나왔다. 술을 마시는 20세 이상 여성의 음주 비율도 17년만에 2배 이상 증가했다고 한다.

술을 이렇게 지나치게 많이 마시다 보니 여러 가지 문제가 발생한다. 예를 들면

____

____

____

____

나는 이런 문제를 해결하기 위해서는 우선 술 소비를 줄이는 방법을 찾는 게 급하다고 본다. 그렇다면 술 소비를 줄이는 방법은 무엇일까?

나는 술 소비를 줄이려면 ______________________________.

술에 붙는 세금이 대폭 인상되면 자연히 술값이 오를 것이고 술값이 오르면 술 소비는 줄게 마련이라고 생각한다. 물론 주류세 인상이 빠른 시간 안에 쉽게 이루어지기는 어려울 것이다. 하지만 서둘러 시행할수록 건강한 사회로 가는 지름길이 될 것이다.

2 다음 지시에 따라 글을 써 보십시오.

1) 아래의 주제 중 가장 관심 있는 주제를 골라 ∨표 하세요.

□ 정치	□ 경제	□ 사회	□ 문화	□ 스포츠
□ 연예	□ 복지	□ 교육	□ 환경	□ 국제관계

2) 관심 있는 주제와 관련해서 최근에 문제가 되고 있는 것은 무엇입니까?
  (여러분 나라의 뉴스, 신문, 인터넷 자료 수집 후 써 보십시오.)

3) 문제의 내용을 간략히 써 봅시다.

4) 문제에 대한 나의 의견과 해결방법을 간략히 써 봅시다.

5) 앞의 내용을 사용하여 '논설문'의 개요를 작성해 봅시다.

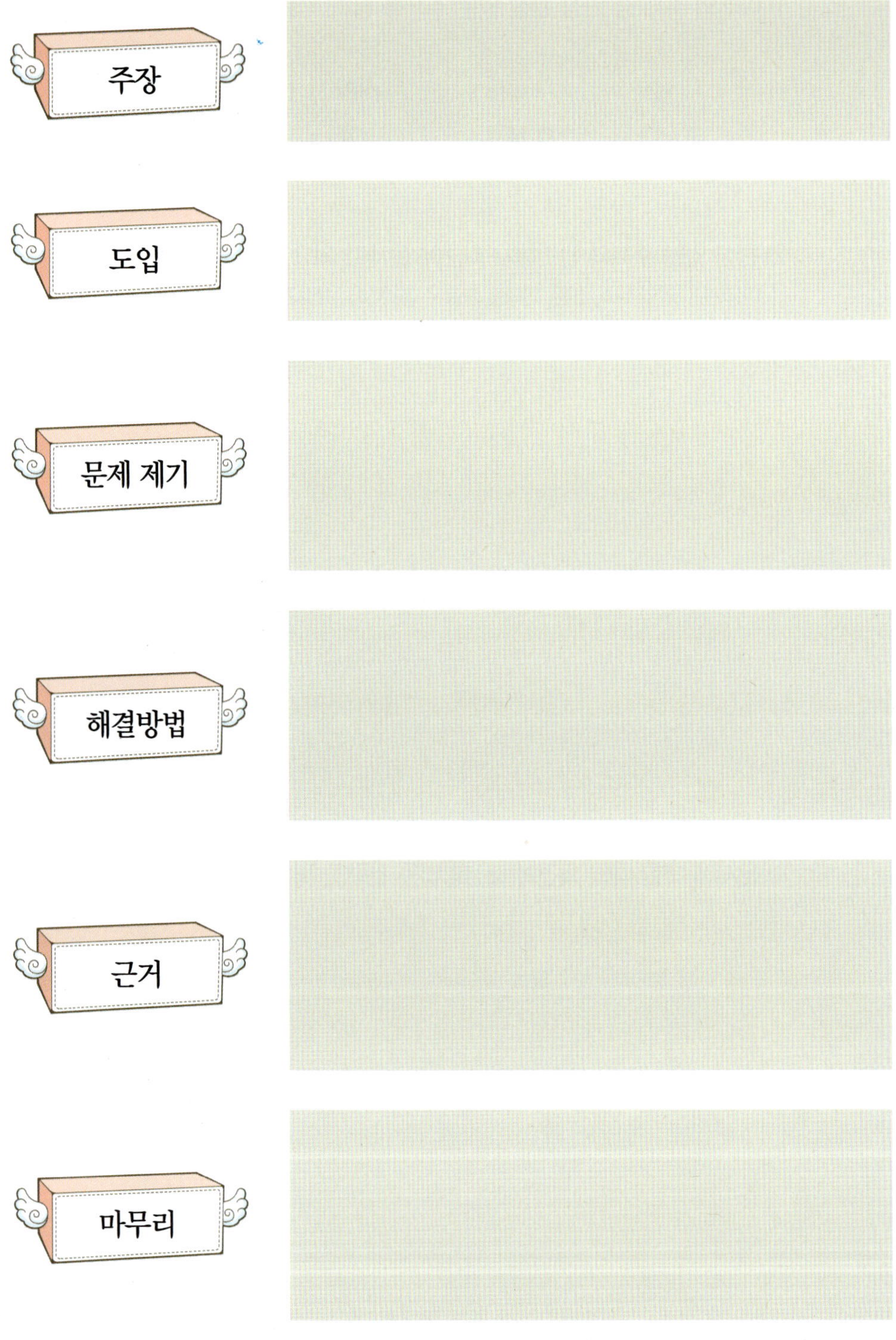

3 **2** 를 바탕으로 문제점 해결을 위해 다른 사람을 설득하는 글을 써 봅시다.

○ 제목 :

나오기

1 자신이 쓴 글을 발표한 후 친구들의 찬성과 반대 의견을 들어봅시다.

2 주장을 뒷받침할 수 있는 근거가 충분했는지 검토해 봅시다.

토론을 위한 글쓰기

1. 찬성과 반대의 의견을 내세울 수 있다.
2. 다른 사람의 의견에 대한 반론을 제기할 수 있다.

들어가기

1 두 사람의 의견에 대해 생각해 봅시다.

1) 두 사람은 무엇에 대해 말하고 있는 것 같습니까?

2) 두 사람의 생각은 어떻게 다릅니까?

 남자는 　　　　　　　　　　지만, 여자는 　　　　　　　　　　.

3) 이 문제에 대한 나의 의견을 간단히 써 봅시다.

아름다워지려는 건 인간의 욕망이다. 또한 현대사회에서 외모는 사람의 인상을 결정하는 중요한 요소이며, 취업이나 결혼에 있어서도 중요한 판단 기준이 된다. 그러니 성형수술을 나쁘게만 볼 것도 아니다. 성형 수술을 통해 자신의 모습에 만족하고 자신감을 찾게 되는 경우가 얼마나 많은가? 외모가 변하면서 성격도 활발해지고 긍정적인 생각도 하게 되는 것이다. 성형수술을 하는 것은 개인의 선택이다.

우리 조상들은 부모님이 주신 몸을 소중히 다루었지만 최근에 예뻐지고 싶어서 뚜렷한 이상이 없는데도 수술을 받는 경우가 허다하다. 한 번의 수술에 만족하지 못하고 수술을 계속 하는 사람도 있다. 한번 성형에 중독이 되면 거기에서 빠져나오기란 여간 힘든 것이 아니며 성형수술의 부작용과 후유증은 우리가 생각했던 것보다 훨씬 심각하다. 그리고 이러한 성형 열풍은 내면보다는 겉모습에만 신경 쓰는 외모 지상주의를 초래하여 잘못된 가치관을 심어줄 수도 있다.

찬성   저는 성형수술에 대해 찬성하는 바입니다. 먼저, 아름다워지려는 건 인간의 욕망이며, 현대사회에서는 외모에 따라 ＿＿＿＿＿＿＿＿＿＿＿＿＿＿＿＿＿＿＿＿＿＿＿ 기때문에 나쁘게만 볼 수 없다는 것이 저의 의견입니다. 또한, 수술을 통해 ＿＿＿＿＿＿＿＿＿＿＿＿＿＿＿＿＿＿는 경우가 얼마나 많습니까? 성형중독이라는 부정적인 면도 있지만, ＿＿＿＿＿＿＿＿＿＿＿＿＿＿＿＿＿＿＿＿＿＿＿ 는 점에서 긍정적인 면도 있다고 봅니다.

반대   저는 그렇게 생각하지 않습니다. 예부터 우리 조상들은 부모님께 물려받은 몸을 소중히 해 왔습니다. 물론, 외모에 치명적인 이상이 있을 경우에는 예외가 되겠지만, 문제는 ＿＿＿＿＿＿＿＿＿＿＿＿＿＿＿＿＿＿＿＿＿＿＿ 사람들입니다. 그리고 ＿＿＿＿＿＿＿＿＿＿＿＿＿＿＿＿＿＿＿, 이것은 단순한 성형수술 문제를 넘어서 외모지상주의를 초래하여 잘못된 가치관을 심어줄 우려가 있다고 생각하는 바입니다.

1 여러분은 다음의 의견에 대해 어떻게 생각합니까? 찬성 또는 반대의 의견을 간단하게 써 봅시다.

1)
> 결혼의 조건으로 사랑도 중요하지만, 가장 중요한 것은 경제적 능력이다. 따라서 조건을 보고 결혼하는 중매결혼이 현명하다.

2)
> 한국에서는 한 사람이 나머지 사람들을 위해 밥이나 술을 사는 경우가 많다. 돈이 많으면 혼자 식사비를 모두 부담하는 것도 좋다고 생각한다.

3)
> 한국은 내년부터 중·고등학교의 교복 자율화를 다시 실시한다고 한다. 나는 중·고등학생은 교복을 입어야 된다고 생각한다.

4)
> 인터넷으로 영화나 음악을 다운로드해서 즐기는 사람들이 많다. 나라의 문화 사업을 위해서는 이런 불법행위가 사라져야 한다.

 다음의 사건에서 잘못한 사람이 누구라고 생각합니까? 또 그 이유는 무엇입니까? 자신의 의견을 써 보십시오.

1) **사건 1**

　가난한 고시생인 A씨에게는 결혼을 약속한 여자친구 B씨가 있었다. A씨가 고시공부를 하는 5년 동안 B씨는 학업도 중단하며 적극적으로 생계를 책임져 왔다.
　A씨가 고시에 합격만 하면 B씨와 결혼도 하고, B씨도 다시 학교에 다니기로 한 것이다. 드디어 A씨는 고시에 합격하였으나 그 후 다른 여자와 결혼을 하였다. B씨는 자신이 5년 동안 지원했던 시간과 돈을 배상해 달라고 요구한다.

2) **사건 2**

　A씨는 아내와 자신의 어머니와 같이 살고 있다. 어느 날 집에 돌아오니 어머니가 혼자 울고 계셨고 이유를 물었더니 아내인 B씨가 구박했다는 것이다. 이 사실을 들은 A씨는 바로 아내에게 화를 냈지만 B씨는 그런 적이 없다며 억울함을 호소했다. 이와 같은 일이 계속 반복되자 B씨는 이혼을 요구하였고 A씨는 이를 거부했다.

1 다음 상황에 맞도록 대화에 이어질 말을 고르십시오.

> (핵에너지 개발에 대해 아잉과 민수는 서로 다른 의견을 가지고 있다.)
>
> **아잉** : 앞으로 인구가 더 많아지면 자원이 부족해질 거야. 그러니까 반드시 핵에너지를
> 개발해야 한다고 생각해.
>
> **민수** : 내 생각은 좀 달라. ___________________________________

① 핵에너지를 개발하여 에너지 걱정을 없애야 해.
② 인구가 많아질수록 에너지는 더욱 부족해지지 않을까?
③ 에너지 문제는 해결되겠지만 환경 문제가 심각해질 거야.
④ 인구 문제뿐만 아니라 핵에너지 개발도 쉽게 해결할 수 없어.

2 다음 상황에 맞도록 대화에 이어질 말을 쓰십시오.

> (케이지와 빌리는 가난한 사람을 도와주는 것에 대해 서로 다른 의견을 가지고 있다.)
>
> **케이지** : 우리는 가난한 사람들을 도와주어야 한다고 생각해요.
>
> **빌 리** : 전 그렇게 생각하지 않아요. 가난한 사람은 게을러 돈을 벌지 못한 것인데 왜
> 힘들어 번 돈으로 그들을 도와야 하죠?
>
> **케이지** : 하지만 가난한 사람을 도와주는 것이 돈 있는 사람들이 해야 할 일이라 생각
> 해요.
>
> **빌 리** : 그렇다고 도와주기만 하면 ___________________________________

쓰기 2

1 다음의 글을 읽고 질문에 답하십시오.

> K씨는 대박을 꿈꾸는 회사원이다. 결혼을 하고 싶지만 적은 월급으로는 저축은커녕 생활도 겨우 이어나가는 정도였다. 그래서 K씨는 매주 빠짐없이 복권을 사서 번호를 맞춰 봤지만 결과는 늘 좋지 않았다. 그러던 어느 날 K씨가 잠을 자는데 돼지가 나타나 자신에게 달려와 안기는 꿈을 꾸게 된다. 그리고 어떤 숫자들이 눈앞에 선명하게 보이는 것이었다. 돼지꿈을 꾼 K씨는 당장 복권을 사고 싶었으나 시간이 없어서 회사 동료 P씨에게 번호를 적은 종이를 주며 복권을 사다 달라고 부탁했다. 하지만 회사 동료 P씨는 실수로 번호 하나를 잘못 써서 복권을 샀다. P씨는 그것은 자기가 갖기로 하고 K씨 번호대로 복권을 한 장 더 사서 K씨에게 전해 주었다. 그러나 P씨의 복권이 1등에 당첨되어 버렸고 당첨금은 무려 30억 원이었다. 이에 K씨는 자신 때문에 산 복권이니 자신에게도 당첨금을 줘야 한다고 말하지만 P씨는 K씨에게 당첨금을 줘야 할 이유가 없다고 말한다.

1) 당신은 누구의 손을 들어주고 싶습니까?

---

2) 그 이유는 무엇입니까?

 다음의 표현을 사용하여 **1** 에 대한 자신의 의견을 내세우는 글을 써 봅시다.

판단하다	정당하다	옳다	바람직하다
-(이)라고 생각하는 바입니다		-아/어/여야 하지 않겠습니까?	
-았/었/였을 뿐입니다	-아/어/여야 했습니다	-ㄴ/는다고 봅니다	

○ 제목 :

나오기

1 자신이 쓴 글을 가지고 토론해 봅시다.

2 상대방의 의견에 대한 반론의 글을 써 봅시다.

제
6과
발표를 위한 글쓰기
소감문 쓰기
설문 조사하기
발표문 작성하기

소감문 쓰기

1. 소감문 작성법을 익힐 수 있다.
2. 자신이 체험한 일에 대한 소감문을 쓸 수 있다.

들어가기

1 다음의 영화를 본 적이 있습니까?

2 여러분들이 본 영화에서 느낀 점을 말해 봅시다.

1 다음은 '말아톤'이라는 영화를 보고 쓴 소감문입니다. 글을 읽어 봅시다.

　이 이야기는 달리기를 좋아하는 한 자폐아의 실화를 영화로 만든 것이다. 자폐아 아이를 둔 엄마와 아무것도 모르고 욕심도 없는 초원이. 그저 얼룩말과 초코파이 그리고 달리기만 좋아하는 초원이. 아무것도 할 수 없는 아들 앞에서 엄마는 아들이 무엇인가 할 수 있다는 걸 가르쳐 주고 싶어 한다. 엄마는 초원이가 가장 잘할 수 있는 달리기를 시키기 시작하고 아이도 달릴 때만큼은 정상인과 마찬가지로 아니 그 이상으로 잘 해 준다. 그렇지만 도중에 엄마는 자신의 사랑이 초원이를 향한 무리한 집착과 욕심이 아닌가 하는 생각을 하게 되고 그 안에서 갈등하게 된다. 반면 초원이는 달리기를 하면서 그동안 살아왔던 엄마의 치마폭에서 벗어나 혼자 스스로 설 수 있게 된다.

　이 영화를 보면서 나는 많은 걸 생각하게 되었다. 그 중 하나는 시각의 차이이다. 비 오는 날 초원이는 엄마에게 내쫓겨 비를 맞으며 밖에 서 있다. 한참을 커다란 벽을 보다가 그 벽에 손을 대고 무언가 느끼고 있었는데 그가 바라보던 비 내리는 벽은 커다란 밀림의 초원으로 변하고 그 안에 초원이가 가장 좋아하는 얼룩말이 서 있다. 이 장면을 보면서 우리에겐 그저 비 내리는 벽에 불과한데, 초원이는 그 안에서 자신이 상상하는 세계를 보고 있는 것이다. 우리는 늘 우리의 기준으로 모든 걸 보고 판단해 버린다. 그리고 그것을 다른 사람에게 강요하게 된다. 우리는 타인이 갖고 있는 그들만의 세상을 있는 그대로 인정해 주려고 노력해야 한다.

　또 하나는 초원이 엄마가 가족들에게 잘못하고 있는 부분이다. 엄마는 초원이에게 자신의 시간과 정성, 사랑과 정열 등 모든 걸 다 쏟아 붓는다. 그렇지만 나머지 가족에게는 소홀히 대한다. 엄마는 그것이 당연하다고 생각하는데 다른 가족들은 채워지지 않는 엄마의 자리와 아내의 자리로 인해 갈등하고 고민한다. 가족끼리 서로 부족한 부분을 감싸고 안아주어야 하는 것은 사실이다. 그러나 눈에 보이는 것만이 장애가 아닌데 엄마는 그 부분을 생각하지 못한 것 같다. 중간 중간 가족들의 갈등을 보면서 너무 안타까웠다. 그리고 장애인 아들이 엄마 없이 아무것도 못할 것이라는 생각은 엄마의 울타리 안에 자식을 가두어 놓는 것이다. 초원이의 엄마도 이걸 깨닫는 데 많은 시간이 걸렸고 결국엔 초원이를 인정하게 된다.

　나는 이 영화를 통해서 장애인 가족들의 아픔과 사랑, 그리고 자폐아가 갖고 있는 다른 시각들을 조금은 이해할 수 있게 된 것 같다. 이 한 편의 영화는 바쁜 생활 속에서도 나와 주위의 다른 사람을 인정하고 이해하는 방법을 가르쳐 준 친절한 선생님이 되어 주었다.

1) 초원이가 바라보던 벽이 밀림의 초원으로 변하는 장면에서 글쓴이가 느낀 것은 무엇이었습니까?

2) 글쓴이는 초원이의 엄마가 가족들에게 잘못하고 있는 점이 무엇이라고 하였습니까?

3) 글쓴이가 느낀 것을 더 간단하게 요약해 봅시다.

2 다음은 봉사활동을 다녀와서 쓴 소감문입니다. 글을 읽고 자신이 글쓴이가 되어 밑줄 친 곳에 느낀 점을 써 봅시다.

이 름	○ ○ ○
봉사활동 기간	2007년 12월 20일 08:30~16:30 (총 8시간)
봉사활동 장소	햇빛 마을
봉사활동 내용	일손 돕기

제목 : '햇빛 마을을 다녀와서'

오늘 나는 친구들과 같이 아주 특별한 경험을 했다. 나는 친구들에게 연말도 되었는데 이웃에게 좋은 일 한번 해 보자고 제안하여 처음으로 친구들과 함께 봉사활동을 가게 되었다. 봉사활동에 참여하려고 하니 사실 걱정부터 앞섰다. 내가 봉사활동을 진심어린 마음으로 할 수 있을까 하는 걱정 때문이었다. 우리 일행은 성모병원 앞에 모여 햇빛 마을로 찾아갔다. 내 친구들은 표정이 너무나 밝은 것 같았다. 우리가 도착하자 햇빛 마을에 계신 수녀님께서 우리를 반갑게 맞아주셨다.

오전 9시가 되자 수녀님께서 오리엔테이션을 한다고 하셨다. 실제 봉사활동을 하기 전에 봉사활동과 치매에 대해 설명을 해 주셨다. 수녀님의 설명을 듣고 '봉사활동'이란 것에 대해 다시 생각하게 되었다. 솔직히 지금까지는 고등학교 때 봉사시간이 필요해서 친구들끼리 경찰서나 우체국이나 동사무소 등에서 심부름을 해 본 것이 봉사활동의 전부였다. 그렇지만 수녀님의 설명을 듣고 '봉사활동'이란 정말 대가 없이, 그리고 진심 어린 마음으로 하는 것이라는 것을 새롭게 깨닫게 되었다.

우리는 마음의 준비를 하고 세 조로 나누어 봉사활동을 시작했다. 나는 할머니, 할아버지들과 같이 이야기도 하고 움직이기 힘든 분들의 거동도 도와 드리고 팔을 못 드시는 분들이 식사하시는 것도 도와 드렸다. 가장 힘든 일은 할머니의 목욕을 도와 드리는 것이었다. 힘이 없으셔서 가만히 앉아 계시기도 힘든 분이었는데 내 친구는 할머니를 붙들고 나는 여기 저기 몸 구석구석을 씻겨 드렸다. 물론 처음에는 힘이 들었지만 할머니께서 환하게 웃으시는 모습을 보니 힘이 나서 손을 열심히 움직였다. 각자 맡은 일을 열심히 하다 보니 금방 여덟 시간이 지나가 버렸다.

오늘 하루 ____

____

____

※ **다음 글을 읽고 물음에 답하십시오.**

> 나는 얼마 전 친구가 추천한 책 한 권을 읽었다.
>
> 이 책은 저자가 초등학교에 입학하기도 전부터 힘든 역경을 맞은 후 20여 년 동안, 힘들면서도 공부라는 끈을 놓지 않고 살았던 자신의 이야기를 쓴 글이었다.
>
> 글 속의 주인공은 어려운 환경 때문에 가족들과 함께 살 수가 없었다. 가족들은 뿔뿔이 흩어지고, 주인공은 외할머니와 함께 가난 속에서 살았지만 이를 이겨내면서 계속 공부에 매달렸다. 집이나 학교에 빚쟁이들이 찾아와 협박하고 폭력을 행사했지만 그런 아픔만큼 주인공은 더욱더 열심히 공부하였다.
>
> 이 책을 읽고 난 후, 난 나 자신을 생각했다. 부모님이 주시는 등록금과 용돈으로 학교 다니고, 생활하면서 공부를 귀찮아하는 내가 부끄러웠다.

1 이 글의 종류에 대한 것으로 맞지 <u>않은</u> 것을 고르십시오.

① ‘나’ 의 회고록이다.
② 책을 추천하는 글이다.
③ 책을 읽고 난 독후감이다.
④ ‘나’ 의 잘못에 대한 반성문이다.

2 이 글에 나타나 있지 <u>않은</u> 것을 고르십시오.

① 책을 읽게 된 동기
② 글을 읽고 난 느낌
③ 글을 쓴 사람의 연령
④ 책 내용의 대강 줄거리

※ 다음은 소감문을 쓰기 위한 계획표입니다. 참고합시다.

- 봉사활동 소감문

  1) 작성자 이름 쓰기
  2) 봉사활동 동기 쓰기
     - 봉사활동을 시작하게 된 계기
     - 봉사 계획 구성
  3) 봉사활동 내용 쓰기
     - 봉사활동의 진행 과정
     - 봉사활동 중 어려웠거나 힘들었던 점
     - 어려움을 이겨낸 방법
  4) 봉사활동 결과 쓰기
     - 봉사한 곳의 달라진 점
     - 가족과 이웃, 나 자신의 변화
  5) 느낀 점과 앞으로의 계획 쓰기

- 미술 전시회 관람 소감문

  1) 작성자 이름 쓰기
  2) 전시회 이름 쓰기
  3) 방문한 날짜와 관람시간 작성
  4) 본 작품의 순서대로 간단하게 서술하기
     - 작품의 이름, 작가, 크기, 제작 연도와 당시 화가의 환경
     - 주제, 표현 내용과 의도, 재료나 용구, 표현 방법과 특징, 조형요소
     - 마음에 드는 표현과 나의 구체적인 느낌, 생각
     - 화가의 작품 경향, 유파 등
     (직접 본 것 외에도 인터넷 검색 등을 이용해 지식을 넓혀서 쓰는 것이 좋다.)
  5) 특별히 기억에 남는 작품에 대한 감상
  6) 증거가 되는 자료 첨부하기 (사진, 팸플릿, 티켓 등)

 자신이 체험한 일에 대해 써 봅시다.

1) 여러분은 어떤 체험을 해 봤습니까?

2) 그 체험을 하게 된 계기나 동기는 무엇입니까?

3) 언제, 어디에서 했습니까?

4) 체험했던 일을 간단하게 써 보십시오.

5) 그 일을 하고 나서 변화된 것은 무엇입니까?

6) 느낀 점과 앞으로의 각오를 간단하게 써 보십시오.

○ 제목 :

1 자신이 쓴 소감문을 발표해 봅시다.

2 친구가 체험한 일에 대한 자신의 생각을 이야기해 봅시다.

설문 조사하기

1. 설문지 문항을 만들 수 있다.
2. 설문조사 결과를 자료로 보고문을 작성할 수 있다.

들어가기

1 나라마다 다른 '행운의 숫자' 와 '불행의 숫자' 에 대한 조사 결과입니다. 자신이 생각하는 '행운의 숫자' 와 '불행의 숫자' 는 무엇입니까?

나라	행운의 수	불행의 수	나라	행운의 수	불행의 수
한국	3, 7	4	중국	8	4, 14
미국	1, 2	13	일본	3, 7	4, 9
북한	3	1			

2 왜 그 숫자를 선택했는지 그 이유를 말해 봅시다.

쓰기 1

※ 다음은 '영화'와 관련된 설문조사 결과입니다.

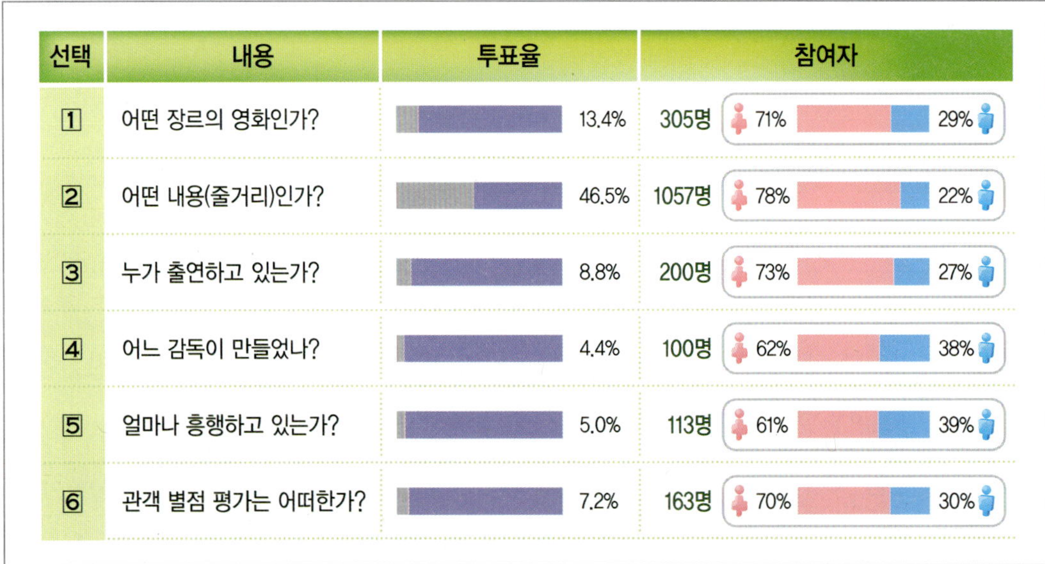

1) 여러분은 영화를 선택할 때 가장 먼저 무엇을 고려합니까?

2) 설문 조사 결과인 도표를 한 편의 글로 써 봅시다.

1 여러분이 조사하고 싶은 주제를 쓰십시오.

2 다음은 설문지의 작성 절차입니다. 읽어 봅시다.

> 1) 설문의 목적 및 주제, 시간과 비용, 조사 인력 등을 신중히 검토하여 적합한 자료 수
>   집 방법을 결정한다.
> 2) 얻고자 하는 내용에 따라 질문의 내용을 결정한다.
>   (응답자의 성별, 나이, 혼인 여부, 직업, 가치관, 태도 등을 고려해야 한다.)
> 3) 자료수집 방법과 질문의 내용에 따라 질문의 방법과 형식, 문항의 배열 순서에 대하
>   여 생각한다.
> 4) 구체적인 질문 문항들을 배열하여 질문지 초안을 만든다.
> 5) 인사말과 응답 요령을 준비한다.
> 6) 질문 내용을 검토, 보완한 후 다시 수정한다.
> 7) 질문지를 보기 좋게 편집한 후, 인쇄한다.

3 다음은 설문지 작성할 때 유의해야 할 점입니다. 맞는 것에 O표 하십시오.

1) 쉽고 흥미 있는 질문을 (앞에 / 중간에 / 뒤에) 배치한다.

2) 신상에 관한 상세한 질문은 (하는 것이 좋다 / 안 하는 것이 좋다)

3) 편견이 들어있는 질문은 (많을수록 좋다 / 피하는 것이 좋다)

4) 한 항목이 질문 내용을 둘 이상 (포함하면 좋다 / 포함하지 않는 것이 좋다)

5) 전문용어의 사용을 (많이 해야 한다 / 안 하는 것이 좋다)

다음 설문지는 여러분의 인터넷 사용 실태를 알아보기 위한 것입니다. 자신에게 해당되는 것에 표시해 주십시오.

1 = 전혀 아니다.　**2** = 드물지만 있다.　**3** = 가끔 있다.　**4** = 자주 있다.　**5** = 항상 그렇다.

인터넷 사용 실태에 관한 설문

1. 계획한 시간보다 더 오랜 시간 인터넷에 접속한 적이 있다.

　　1　　2　　3　　4　　5

2. 인터넷 때문에 집안일을 소홀히 한 적이 있다.

　　1　　2　　3　　4　　5

3. 남자 친구/여자 친구의 애정 관계보다 인터넷에서 더 흥미를 느낀 적이 있다.

　　1　　2　　3　　4　　5

4. 온라인상의 친구를 만들어 본 적이 있다.

　　1　　2　　3　　4　　5

5. 온라인 접속 때문에 불평한 적이 있다.

　　1　　2　　3　　4　　5

6. 온라인 접속 시간 때문에 성적이나 학교생활에 문제가 있다.

　　1　　2　　3　　4　　5

7. 해야 할 일을 하기 전에 먼저 전자우편을 점검한 적이 있다.

　　1　　2　　3　　4　　5

8. 인터넷 때문에 업무 능률이나 생산성에 문제가 있었던 적이 있다.

　　1　　2　　3　　4　　5

9. 누군가가 인터넷에서 무엇을 했느냐고 물었을 때 숨기거나 변명을 하며 얼버무린 경험이 있다.

　　1　　2　　3　　4　　5

10. 인터넷에 대한 생각으로 인해 현재 생활상의 어려운 문제를 생각하지 못했던 적이 있다.

　　1　　2　　3　　4　　5

11. 인터넷 사용 후 다시 온라인에 접속할 때까지 일에 집중하지 못했던 적이 있다.

　　1　　2　　3　　4　　5

12. 인터넷이 없는 생활은 따분하고 공허하며 재미없을 것이라고 두려워한 적이 있다.

　　1　　2　　3　　4　　5

13. 온라인에 접속하고 있는데 누군가가 방해를 할 때 소리를 지르거나 화를 내거나 귀찮은 듯이 행동한 적이 있다.

      1   2   3   4   5

14. 밤늦게까지 접속해 있느라 잠을 못 잔 적이 있다.

      1   2   3   4   5

15. 오프라인 상태일 때 인터넷에 정신이 팔려 있거나 다시 온라인에 접속해 있는 듯한 환상을 느낀 적이 있다.

      1   2   3   4   5

16. 온라인에 접속해 있을 때 '몇 분만 더'라고 생각하며 시간을 허비한 적이 있다.

      1   2   3   4   5

17. 온라인 접속 시간을 줄이려고 노력했지만 실패한 적이 있다.

      1   2   3   4   5

18. 온라인 접속 시간을 숨기려 한 적이 있다.

      1   2   3   4   5

19. 인터넷을 더 하기 위해 다른 사람과의 약속을 취소한 적이 있다.

      1   2   3   4   5

20. 오프라인 상태일 때에는 우울하고 침울하며 신경질적으로 되었다가 다시 온라인 상태로 오면 이런 감정들이 모두 사라진 적이 있다.

      1   2   3   4   5

5 다음은 앞의 설문조사에 대한 채점결과표입니다. 결과를 참고하여 빈칸에 적절한 말을 써 봅시다.

20~39점	
40~69점	문제가 있는 사용자입니다. 인터넷 때문에 문제가 있었던 적이 많은 상태입니다. 그러한 문제들이 실제 생활에 어떠한 영향을 미쳤는지 진지하게 생각해 보아야만 합니다.
70~100점	

 여러분 자신이 정한 주제를 중심으로 설문지 문항을 만들어 봅시다.

○ 제목 :

1 다음 표와 글을 비교해 보고, ①~④ 중에서 일치하지 <u>않는</u> 것을 고르십시오.

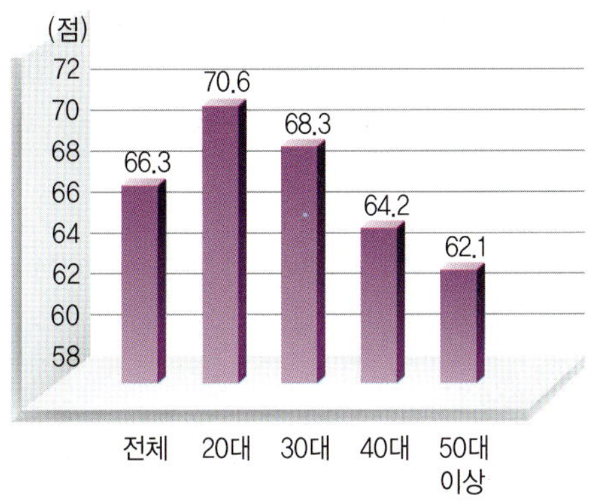

연령별 행복지수(100점 만점)

연령	남자 점수	여자 점수
20대	남자 70.9	여자 70.4
30대	남자 65.2	여자 71.5
40대 이상	남자 61.1	여자 65.01

　전국의 만 20세 이상 성인 806명을 대상으로 전화 조사를 한 결과 ①전체 국민의 평균 행복지수는 66.3점으로 별로 높지 않은 것으로 나타났다.

　구체적으로 ②20대가 70.6점으로 가장 높은 행복지수를 나타냈고, 30대 68.3점, 40대 64.2점, 50세 이상이 62.1점으로 ③나이가 들면 들수록 행복도가 떨어지는 것을 알 수 있다. 남자는 30대부터 행복지수가 계속 떨어지는 반면 ④여자는 30대의 행복지수가 급격히 높아졌다가 40대 이후 꾸준히 줄어드는 것으로 나타났다.

2 다음의 표와 글을 비교해 보고, ①~④ 중에서 일치하지 <u>않는</u> 것을 고르십시오.

결혼상대자의 가장 중요한 조건		
남성	순위	여성
성격(51.0%)	1	경제력(36.6%)
사랑(18.0%)	2	성격(35.1%)
경제력(15.5%)	3	사랑(12.4%)
외모(6.0%)	4	책임감(11.2%)
책임감(4.8%)	5	외모(1.0%)

①결혼상대자를 고를 때 가장 중요하게 생각하는 조건은 남녀가 다른 것으로 나타났다. ②조사대상자의 절반 이상의 남성이 성격을 첫째로 꼽았고 그 다음으로 사랑, 경제력, 외모, 책임감 순인데 반해, 여성은 경제력, 성격, 사랑, 책임감, 외모 순으로 남녀가 크게 다르다. ③외모에 대해서는 역시 남성이 더 중요하게 생각해 책임감보다 앞선 반면에, 여성은 책임감에 비해 외모가 한참 뒤진다. 여성은 배우자의 경제력을 상당히 중요하게 여겨 ④다른 모든 조건보다 월등히 높은 비율이 나왔다.

1 자신이 조사한 설문 결과를 다음 문형에 맞추어 써 봅시다.

1) 설문 조사 대상, 주제

> –이/가 –을/를 대상으로 –에 대해 설문 조사를 한 결과는 다음과 같다.

____

2) 가장 많이 나온 의견

> –이/가 (   )%로 가장 많았다. / –이/가 가장 많은 것으로 나타났다.

____

3) 그 다음으로 많이 나온 의견부터 차례대로 쓰기

> 그 다음으로는 –이/가 (   )%, –이/가 (   )%, –이/가 (   )% 순이었다.

____

4) 기타 의견 쓰기

> 기타 의견에는 –다는 것도 있었다. / 그 밖에 –다는 응답도 있었다.

____

5) 자기 생각 쓰기

> 이와 같이 이번 설문조사에서는 –다는 응답이 가장 많았다. 이러한 결과를 통해 –ㄴ/는 것을 알 수 있었다.

____

○ 주제 :

나오기

1   자신이 조사한 설문 결과를 발표해 봅시다.

2   결과에 대해 서로 의견을 나누어 봅시다.

발표문 작성하기

1. 발표문 작성 요령을 익힌다.
2. 주제를 정하여 발표문을 작성할 수 있다.

들어가기

1 '한국' 이라고 하면 생각나는 단어는 무엇입니까?

2 왜 그 단어가 생각났는지, 이유를 쓰십시오.

---

3 여러분이 '한국' 에 관한 발표문을 쓴다면 어떤 주제로 쓰고 싶습니까?

※ 다음은 외국인이 한국에 와서 쓴 글입니다. 읽어 봅시다.

한국은 세계 제1의 인터넷 강국이라고 할 만큼 인터넷 보급률과 사용률이 높다. 아침에 출근해서 커피를 마시면서 컴퓨터를 켜는 직장인, 집에 들어오면 컴퓨터를 켜고 리포트를 쓰기 시작하는 학생들, 많은 사람의 삶에서 인터넷은 큰 비중을 차지하게 됐다. 그럼 인터넷은 우리에게 무엇을 주고 무엇을 빼앗아 가는 걸까? 이제부터 그것에 대해서 이야기해 보고자 한다.

제일 먼저, 다들 가장 먼저 떠올리는 인터넷의 특징은 '많은 정보가 있다.' 는 것이다. 인터넷상의 누군가가 글을 올리면, 거의 실시간으로 그것을 읽을 수 있다. 그렇게 하여 인터넷을 통해 빠르면서도 공개적인 정보의 교환이 이루어진다. 그렇지만 정보의 양이 너무 많고 옳지 않은 정보가 많이 섞여 있어서 그 중 어느 것이 진실인지 구분해 내기가 어려울 때가 있다.

둘째, 인터넷으로 공개된 게시판에 자신의 의견을 올려서 다른 사람들에게 전달할 수도 있다. 또 인터넷을 통한 국민의 목소리가 정치 상황에까지 영향을 미쳐서 요즘의 많은 정치가들이 인터넷 여론을 의식하고 있다.

셋째, 많은 사람들은 자유가 없는 현실보다 익명성이 보장되는 인터넷 상의 공간에서 자기 정체성을 찾으려 한다. 그렇지만 인터넷의 그 익명성 때문에 생겨나는 문제들도 적지 않다. 일단 사이버 범죄로 분류되는 일들, 사이버 상에서의 명예 훼손이나 음란성 대화 등이 대표적인 것이다.

넷째, 인터넷이 발달하면서 생활이 다양해지고 편리해지는 것은 사실이다. 그렇지만 인터넷을 사용하지 못하는 사람들은 세상의 흐름으로부터 뒤쳐지고 만다. 정보화 시대가 되고 인터넷이 발달하면서 '서로의 일에 관여하지 않고 관심을 가지지 않는 세상' 이 되어가고 소외 계층의 권익이 심하게 침해받고 있는 것도 사실이다.

이상에서 인터넷, 정보화 사회가 우리에게 가져다준 것들에 대해서 간단하게 살펴보았다.

1) 이 글의 주제는 무엇입니까?

2) 이 글에 적합한 제목을 붙여 봅시다.

3) 각 단락의 중심문장을 써 봅시다.

4) 중심문장을 참고하여 전체 글을 간단하게 요약해 봅시다.

쓰기 2 

1 다음은 발표문을 작성하는 절차와 요령입니다. 읽어 봅시다.

 주제 정하기, 자료 수집하기

> 1) 듣는 사람들의 나이, 성별, 직업, 관심 분야 등을 고려해서 써야 한다.
>
> 2) 설문조사를 하거나, 도서관 또는 인터넷을 통해 자료를 모은다.
>
> 3) 사진이나 그림, 동영상 자료를 준비하면 듣는 사람이 더 쉽게 이해할 수 있다.

발표문 쓰기

> 1) 발표문은 서론, 본론, 결론으로 구성한다.
>
> 2) 서론에서는 주제와 관련된 흥미 있는 이야기 또는 문제점을 쓴다.
>
> 3) 본론에서는 자신이 하고 싶은 말을 중심으로 구체적으로 쓴다.
>
> 4) 결론에서는 앞의 내용을 정리하고 요약한다.

2 자신이 발표하고 싶은 주제를 써 봅시다.

3 서론, 본론, 결론에 쓰고 싶은 것을 간단하게 정리해 봅시다.

- 서론

- 본론

- 결론

○ 제목 :

1 발표문을 쓰려고 한다. 아래 각 부분에 들어갈 내용을 보기 에서 모두 찾아 번호를 써 넣으시오.

보기

① 문제점 제기　　② 남은 문제점　　③ 발표 날짜　　④ 주제 또는 제목

⑤ 발표자 이름　　⑥ 자세한 내용　　⑦ 발표자 소속　　⑧ 요약 및 정리

⑨ 글을 쓰게 된 동기　　⑩ 앞으로의 전망

1) 표지	2) 서론	3) 본론	4) 결론
④,			⑧,

2 다음 글은 발표문의 어느 부분에 해당합니까?

　　지금까지 우리 조원들의 조사 결과에 따라 우리 대학 한국학생들의 여가시간 활용도를 정리해 보면 다음과 같다.

　　대체로 우리 대학 한국학생들이 여가시간에 주로 하는 것은 남녀학생 모두 영화 감상이 제일 많았고, 그 다음으로 남자는 스포츠 보기, 여자는 쇼핑하기가 차지했다. 책 읽기는 여학생의 수다 떨기, 남학생의 술 마시기 다음을 차지했다.

　　책 읽기가 학생들에게 많은 것을 가져다주는 것임에도 불구하고 낮은 순위를 차지한다는 것은 매우 안타까운 일이다. 따라서 어떻게 하면 학생들이 책을 가까이 하도록 할 것인가 하는 방안 모색이 필요하다.

① 서론　　　　② 본론　　　　③ 결론　　　　④ 주석

1 다음은 학생들이 발표문을 요약하여 파워포인트로 작성한 것입니다.

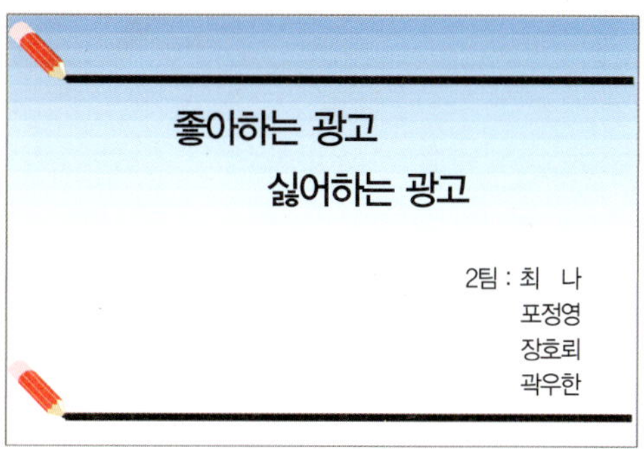

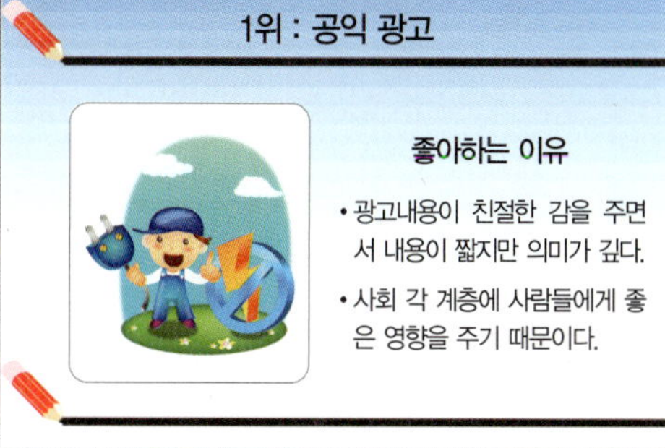

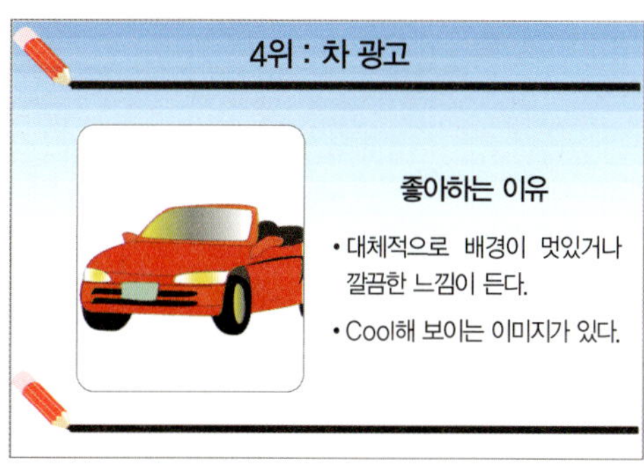

싫어하는 광고

- 순위 1 : 카드 광고
- 순위 2 : DMB 휴대폰 광고
- 순위 3 : 대출 광고
- 순위 4 : 보험 광고

1위 : 카드 광고

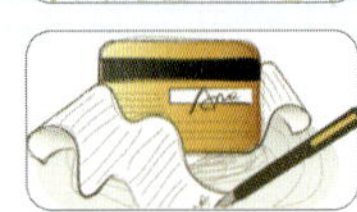

싫어하는 이유

- 카드 때문에 빚을 많이 질 거라고 생각하기 때문이다.
- 카드로 인해 유혹에 쉽게 노출된다.

2위 : DMB 휴대폰 광고

싫어하는 이유

- 휴대폰 요금이 많이 나온다.
- 광고 내용을 보면 무조건 갖고 싶다는 충동이 생긴다.
- 유행이 빨리 지나간다.

3위 : 대출 광고

싫어하는 이유

- 대출 받을 일은 없는데 괜히 사회질서만 이상해지는 것 같다.
- 신중히 생각해야 할 대출을 쉽고 가벼운 것으로 여기게 된다.

4위 : 보험 광고

싫어하는 이유

- 보험에 들지 않으면 무슨 큰일이라도 날 것 같다.
- 보험 종류가 많아서 유혹이 많아지고 돈을 많이 쓰게 된다.

우리 팀이 좋아하는 광고

우리들이 생각할 때는

- 어린이들은 게임이나 장난감에 대한 광고를 좋아한다.
- 여성들은 주로 음식이나 화장품 또는 가구에 대한 광고를 좋아한다.
- 남성들은 차나 술에 대한 광고에 관심을 가진다.
- 노인들은 주로 장수할 수 있는 약품 광고를 좋아한다.

광고가 사람들에게 주는 영향

- 좋은 광고는 사람들에게 주는 영향도 큰 동시에 회사에도 유익한 재산이 될 수 있다.
- 반대로 실패한 광고 때문에 그 제품을 망칠 수도 있다.
- 전체적으로 광고는 짧으면서 창의성이 있고 순수하면서도 깊은 뜻이 드러나는 예술이라고 생각한다.

자신이 쓴 발표문을 파워포인트로 작성할 수 있도록 짧게 요약해 봅시다.

나오기

1 자신이 쓴 발표문을 파워포인트로 작성하여 발표해 봅시다.

2 발표한 내용에 대해 서로 이야기해 봅시다.

제1과　묘사를 위한 글쓰기

_인물 묘사하기 P14
1. ③
2. 1) ②,　2) ③

_공간 묘사하기 P23
1. 눈이 옵니다. (눈이 오고 있습니다.)
　 신문을 읽고 있습니다.
　 소파 위에 발을 올리고 책을 일고 있습니다.(독
　 서를 합니다.)
　 잠을 잡니다. (잠을 자고 있습니다.)
2. 지저분, 청소(정리), 깔끔(깨끗)해졌습니다.

_상황 묘사하기 P35
1. 1) ④,　2) ③
2. 가짜 뱀을 가지고 와서 누나를 놀라게 했다.
　 동생을 때렸다.

제2과　설명을 위한 글쓰기

_용어 설명하기 P48
1. 보험
2. 같은 취미를 가지고 함께 즐기는 사람의 모임

_제품 설명하기 P56
1. 휴대전화의 다양한 기능
2. ㉠ 고화질 화면을 가진
　 ㉡ 고화질 화면으로 시청할 수 있는 시대

_각 나라 문화 설명하기 P65
1. ②
2. ㉠ 차이점
　 ㉡ 자주 한다.
　 ㉢ 예의가 없다.

제3과　요약하여 글쓰기

_대화문 요약하기 P74~75
1. 1) 8월 1일~8월 2일
　　　 부산에 사는 외국인
　　　 7월 20일 오후 5시
　　　 640-3628
　　 2) 신청과 관련 된 문의는 640국에 3628번으
　　　 로 해 주십시오.
2. 많이 참여해 주십시오.
　 편한 옷차림으로 오시면 됩니다.

_이야기 요약하기 P88
1. 듣지 않고 꼭 반대로 행동하고 있어.
2. ㉣, 생각했던 것이다.

_신문기사 요약하기 P98
1. 만족했지만,　으로 나타났다
2. ④, 사고가 발생한 것으로 드러났다.

제4과　인용하여 글쓰기

_관용어 활용하기 P109
1. 1) ③　　2) ③　　3) ③
2. ③　　3. ④　　4. ③

_속담 인용하기 P117
1. 1) 식은 죽 먹기 (-지요, -예요)
　　 2) 금강산도 식후경
2. ②

_자료 활용하기 P127~128
1. 간접흡연도 건강을 악화시킬 수 있다.
2. ㉠ 이룰 수 없기 때문 ㉡ 만족할 수 없기 때문
　 ㉢ 결과에 따르면
3. 나이 드신 분들이 이용하는 경우가 많은 것으
　 로 나타났다.
4. 생각을 하고 결정을 내릴 수 있는 것으로 드러
　 났다.

제5과 주장을 위한 글쓰기

_의견 주장하기 P138

1. ④
2. ②
3. 체중 조절을 위해서는 칼로리 섭취를 줄이기보
   다 칼로리 소비를 많이 하도록 해야한다.

_근거 제시하기 P147

1. 1) 말을 하기 전에 생각을 먼저 하자.
   2) ④
2. 평상시에 운동을 열심히 해야 한다.

_토론을 위한 글쓰기 P157

1. ③
2. 가난한 사람들은 스스로 돈을 벌려고 노력하지
   않을 겁니다.

제6과 발표를 위한 글쓰기

_소감문 쓰기 P166

1. ③
2. ③

_설문 조사하기 P177~178

1. ④
2. ④

_발표문 작성하기 P188

1. 1) ③, ⑤, ⑦
   2) ①, ⑨
   3) ⑥
   4) ②, ⑩
2. ③

■ **저자소개**

이양혜
부산대학교 교육대학원 석사 (국어교육전공 : 교육학석사)
동아대학교 대학원 박사 (한국어문법론전공 : 문학석사)
부산외국어대학교 한국어문화교육원 교수

김유선
부산외국어대학교 대학원 석사 (외국어로서의 한국어교육전공 : 교육학석사)
부산외국어대학교 대학원 박사과정 (외국어로서의 한국어교육전공)
부산외국어대학교 한국어문화교육원 교사

박성경
부산외국어대학교 대학원 석사 (외국어로서의 한국어교육전공 : 교육학석사)
전 부산외국어대학교 한국어문화교육원 교사

삽화가_ 강은실

쉽게 배우는 한국어
중급2 작문

초판발행	2009년 9월 15일
초판 5쇄	2021년 9월 10일
저자	이양혜 · 김유선 · 박성경
책임편집	양승주, 권이준, 김아영
펴낸이	엄태상
콘텐츠 제작	김선웅, 김현이, 유일환
마케팅	이승욱, 전한나, 왕성석, 노원준, 조인선, 조성민
경영기획	마정인, 조성근, 최성훈, 정다운, 김다미, 오희연
물류	정종진, 윤덕현, 양희은, 신승진
펴낸곳	한글파크
주소	서울시 종로구 자하문로 300 시사빌딩
주문 및 교재 문의	1588-1582
팩스	0502-989-9592
홈페이지	http://www.sisabooks.com
이메일	book_korean@sisadream.com
등록일자	2000년 8월 17일
등록번호	1-2718호

ISBN 978-89-5518-771-7 14710
　　　 978-89-5518-765-6 (SET)

＊ 한글파크는 랭기지플러스의 임프린트사이며, 한국어 전문 서적 출판 브랜드입니다.

＊ 이 책의 내용을 사전 허가 없이 전재하거나 복제할 경우 법적인 제재를 받게 됨을 알려 드립니다.

＊ 잘못된 책은 구입하신 서점에서 교환해 드립니다.

＊ 정가는 표지에 표시되어 있습니다.

이 책은 교육인적자원부의 한국어 연수 프로그램
개발 지원사업의 도움으로 개발되었음.